COMPTE RENDU

DE LA CLINIQUE MÉDICALE

DE LA FACULTÉ DE STRASBOURG.

(2)

[illegible]

[illegible]

[illegible]

[illegible]

[illegible]

[illegible]

[illegible]

COMPTE RENDU

DE

LA CLINIQUE MÉDICALE

DE LA FACULTÉ DE STRASBOURG,

PENDANT LE SERVICE

DE M. ARONSSOHN, AGRÉGÉ EN EXERCICE.

PAR

MATHIEU-MARC HIRTZ,

AIDE DE CLINIQUE DE LA FACULTÉ.

A STRASBOURG,

De l'imprimerie de F. G. Levrault, rue des Juifs, n.° 33.

1836.

AVANT-PROPOS

PAR LE DOCTEUR ARONSSOHN.

Après la mort de notre célèbre Lobstein, la suppléance de la chaire de clinique nous ayant été confiée pendant cinq mois, nous regardons comme un devoir de conscience le compte rendu de la mission dont la Faculté nous a honoré.

Depuis le mois de Décembre que nous avons quitté ce service, plusieurs circonstances indépendantes de notre volonté sont venues entraver l'exécution de ce travail, destiné à compléter nos leçons; car le temps ne nous ayant pas permis de leur donner toute l'extension dont elles auraient eu besoin, nous espérions, à l'aide de cet appendice, les rendre aussi profitables que possible à la jeunesse studieuse, qui nous avait semblé les écouter avec intérêt.

Tel que nous le présentons aujourd'hui, ce travail ne sera peut-être pas sans quelque utilité; il rappellera les règles de diagnostic et de thérapeutique, sur lesquelles nous avons constamment cherché à fixer l'attention. Il pourra surtout indiquer aux élèves la méthode à suivre pour recueillir des observations Il leur fera voir combien il est important de ne s'attacher qu'aux phénomènes essentiels et propres à chaque affection; d'en saisir bien la succession, l'enchaînement; de distinguer enfin ce qui appartient à la maladie de ce qui est accidentel, de ce qui est l'effet d'une complication ou de l'action des remèdes. Ils verront aussi comment, en comparant entre eux les faits de même nature, on peut en tirer des inductions qui conduisent à une connaissance plus exacte de la maladie dans toutes ses phases, et fournissent des données précieuses pour la thérapeutique.

Les exemples détaillés qui se rapportent à chaque genre d'affection, rappelleront des faits instructifs; notre choix s'est porté de préférence sur ceux dans lesquels l'anatomie pathologique est venue nous éclairer, en modifiant ou en confirmant notre diagnostic. Dans les tableaux, qui résument les différens groupes de maladies observées, on a eu soin d'indiquer exactement, pour chaque cas, la date de l'époque, le nom du malade et le numéro du lit, afin que l'élève puisse facilement comparer notre exposé avec ses propres notes.

Nous garantissons la fidélité de tous les détails compris dans ce travail; ils ont été consignés jour par jour et recueillis par M. Hirtz, avec l'exactitude et la perspicacité qui caractérisent ce jeune médecin. Ceux de ces détails qui se rapportent aux maladies des organes de la circulation et de la respiration, ont été observés avec l'attention sévère, minutieuse même, qu'il faut apporter dans l'exploration de ces organes, et ici surtout notre aide de clinique a fait preuve de patience et d'une habileté rare à manier les moyens qui fournissent les signes physiques, les plus importans de tous, parce qu'ils sont les moins sujets à varier : nous n'aurions par conséquent pu remettre, entre de meilleures mains, le soin de réunir et de publier ces faits.

En tête de chaque ordre de maladies, se trouve le résumé des cas qui s'y rapportent. Ne pouvant mentionner en détail que les faits les plus saillans, nous avons appliqué la méthode rigoureuse du calcul à l'ensemble de chaque groupe de faits. Cette manière de procéder est la plus fertile, peut-être la seule fertile en résultats positifs pour la pathologie; en est-il de même pour la thérapeutique? nous ne le pensons pas.

Quand il s'agit de l'action des remèdes, l'individualité prédomine trop pour qu'on puisse appliquer le calcul des probabilités; car ce calcul ne peut se servir que d'élémens homogènes, et doit éliminer, comme cause d'erreur, tout ce qui est accidentel, individuel et sujet à varier à l'infini. Dans la thérapeutique, en un mot, les indications générales, les moyens de les remplir, et l'action que ceux-ci provoquent dans l'organisme, sont autant de choses trop peu fixes par elles-mêmes pour pouvoir servir de base à un travail intellectuel, qui doit opérer uniquement sur des données identiques et certaines. La pathologie, au contraire, peut, pour plusieurs de ses branches, arriver à un haut degré de certitude, en appliquant le mécanisme de ce calcul aux faits rigoureusement démontrés par l'observation, en tenant compte de leur fréquence, de la manière dont ils se combinent, et en appréciant avec soin les circonstances dont ils peuvent subir l'influence.

Mais comme par ce procédé on approche d'autant plus de la vérité que les faits sur lesquels on opère sont plus multipliés, on concevra que notre intention n'a pu être de tirer dès à présent des inductions rigoureuses du petit nombre de cas que nous avons à examiner; on concevra également quel résultat avantageux on obtiendrait pour l'humanité et l'instruction, si l'on poursuivait ces recherches rigoureuses durant une dizaine d'années par exemple Car, il faut le dire, le temps est aussi un élément nécessaire de la certitude en médecine.

Strasbourg, Février 1836.

COMPTE RENDU

DE LA CLINIQUE MÉDICALE

DE

LA FACULTÉ DE STRASBOURG.

M. Aronssohn a fait le service de la clinique du 25 Avril 1835 au 20 Août et du 1.er Novembre au 1.er Décembre suivant. Cette époque comprend cinq mois de cours, dont nous allons rendre compte.

Au commencement de ce service, il se trouva dans nos salles 36 malades, dont 15 hommes et 21 femmes. Du 25 Avril au 20 Août sont entrés 159 malades : 78 hommes et 81 femmes. Lorsque la clinique cessa le 20 Août, il resta à l'hôpital 33 malades : 18 hommes et 15 femmes.

Au 1.er Novembre la clinique se rouvrit, et parmi beaucoup de malades qui s'y étaient accumulés pendant les vacances, M. Aronssohn n'en choisit que 29 : 15 hommes et 14 femmes ; les autres, ne présentant point d'intérêt pour l'enseignement, furent évacués. Dans le courant du même mois de Novembre nous avons admis 36 malades, dont 17 hommes et 19 femmes. Au 1.er Décembre 30 restèrent encore en traitement, savoir 13 hommes et 17 femmes.

1

Nous avons donc en tout traité 260 malades, savoir :

	Hommes.	Femmes.	Total.
	125	135	260
ont été guéris	74	80	154
non guéris	7	9	16
sont morts	13	14	27
restés en traitement	31	32	63

Ainsi sur 260 malades il y a eu 27 morts, proportion qui équivaut à peu près à un mort sur 10 malades.

L'époque des entrées et des décès donne le chiffre suivant :

Avril (à dater du 25). .	entrés	4	morts	0
Mai	—	21	—	4
Juin.	—	11	—	6
Juillet	—	24	—	5
Août (jusqu'au 20) . .	—	18	—	8
Novembre	—	36	—	4

Le mois de Novembre a donc présenté le plus d'entrans, et le mois d'Août le plus de morts.

A ces différentes époques correspondent les variations atmosphériques suivantes :

	THERMOMÈTRE R.			BAROMÈTRE.			HYGROMÈTRE.			
	Plus grand degré de chaleur.	Moindre degré.	Moyenne.	Plus grande élévation.	Moindre élévation.	Moyenne.	Plus grand degré d'humidité.	Moindre degré.	Moyenne.	Jours de pluie.
Avril..	+ 16	+ $1\frac{1}{4}$	+7	28	27.2.0	27.10	90	54	70	9
Mai...	+ $18\frac{1}{2}$	+ 5	+11	27	27.4.9	27.8	87	62	73	16
Juin ..	+ $21\frac{3}{4}$	+ $7\frac{1}{4}$	+14	28	27.5.0	27.9	86	63	70	9
Juillet	+ $26\frac{3}{4}$	+ 9	+15	27	27.7.9	27.9	96	61	67	8
Août..	+ 24	+ $7\frac{3}{4}$	+15	28	27.4.6	27.8	92	58	66	15
Nov.ᵉ .	+ $8\frac{1}{4}$	— 7	+1	28	27.4.6	27.9	98	67	67	4

PREMIÈRE PARTIE.

Maladies des organes de la respiration et de la circulation.

Les affections qui se rapportent aux systèmes respiratoire et circulatoire forment le quart de la totalité, en raison de la grande fréquence des maladies du poumon dans notre ville. Leur nombre s'élève à 69, savoir:

Pleurésies	7	
Pneumonies	13	
Emphysèmes du poumon	5	
Hémoptysies	4	
Phthisies	15	69 [1]
Bronchites aiguës	7	
Bronchites chroniques	9	
Dégénérescence des côtes	1	
Maladies du système circulatoire	8	

Plusieurs de ces affections s'étant montrées sur le même individu, il n'y a eu en réalité que 64 malades, dont 30 femmes et 34 hommes. L'issue peut en général être représentée de la manière suivante :

Guéris.	Morts.	Non guéris.	Restés en traitement.	Total.
27	19	8	10	64

On ne s'étonnera pas de cette forte proportion de mortalité, en se rappelant que parmi ces maladies se trouvent 15 phthisies et 8 maladies organiques du cœur ou des gros vaisseaux.

---

1 Il est à remarquer que l'*asthme* n'est point mentionné dans ce relevé, par la raison que le soin que nous avons mis dans la détermination du diagnostic nous a toujours révélé la *cause organique de ce symptôme.*

PLEURÉSIE.

Le nombre de cas où l'inflammation des plèvres s'est présentée durant les cinq mois de clinique, ne se monte qu'à sept. Il ne suffit sans doute pas pour en tirer des inductions pathologiques ou thérapeutiques; mais il nous permettra de nous livrer à un examen détaillé de toutes les circonstances qui se rapportent à cette maladie, et de tracer par là, comme il a été dit, la marche que le jeune médecin aura à suivre, pour recueillir tout le fruit possible de l'observation clinique. Nous donnerons ensuite la description complète des faits qui offrent quelques particularités intéressantes, ou qui peuvent concourir à sanctionner quelque principe important.

De ces sept pleurésies trois se sont rencontrées sur des hommes et quatre sur des femmes, la plupart des servantes, qui s'étaient refroidies au moment de la menstruation. Cette maladie a affecté 3 sujets âgés de 25 à 28 ans, et 4 entre 35 et 55 ans; elle survint chez un individu de 76 ans à la suite d'une cause traumatique. Quatre de ces malades étaient d'un tempérament sanguin et d'une constitution robuste; deux autres, d'un tempérament nerveux et lymphatico-nerveux, ne jouissaient que d'une constitution délicate.

Les affections antécédentes auxquelles étaient sujets ces sept malades, se répartissent ainsi : chez 3, toux chronique; chez 2, maladie organique du cœur; chez 1, rhumatisme chronique et toux, et chez un dernier, vomissemens fréquens.

Le froid a été la cause efficiente la plus fréquente;

il a provoqué la maladie chez 3 individus; une fois elle est survenue après la répercussion brusque d'un exanthème chronique par l'onguent citrin; une autre fois elle a débuté après un accès de colère (n.° 4); une troisième fois elle a été produite par une cause traumatique; enfin, dans un dernier cas, la cause efficiente n'a pu être déterminée. On voit donc que le refroidissement, cause la plus fréquente de l'inflammation de la plèvre, a plus particulièrement agi sur des personnes atteintes d'une toux chronique, puisque sur 3 malades, 2 étaient affectés d'une toux antérieure. Nous ne prétendons pas tirer de ce fait des conclusions absolues; nous voulons seulement faire voir qu'en opérant sur un plus grand nombre de malades, on arriverait peut-être à un résultat plus intéressant, quant au rapprochement à établir entre la bronchite et la pleurésie.

L'invasion de la maladie a toujours été brusque et sans symptômes précurseurs, tels que la céphalée, etc., qui précèdent ordinairement les maladies de l'encéphale et de l'abdomen. En effet, dans cinq cas la pleurésie débuta subitement, le plus souvent la nuit, après minuit.

L'ordre dans lequel se sont montrés les symptômes dans le commencement, a été noté avec soin; M. Aronssohn insistant toujours sur ce point, comme pouvant amener des données précieuses, pour établir mieux et plus promptement le diagnostic. Dans les six cas de pleurésies *spontanées*, les symptômes se sont succédé dans l'ordre suivant : dans un cas, douleur, frisson et toux simultanément; dans un autre, la toux et la douleur ont précédé d'un jour le frisson; dans trois, le frisson a précédé d'un jour la douleur et la toux; dans un dernier, la toux habituelle s'est aggravée subitement, et en même temps il est survenu du frisson et une douleur sous-sternale. Nous avons observé que dans les cas où le frisson et la douleur avaient débuté simultanément ou s'étaient suivis de très-près, l'épanchement avait été beaucoup plus abondant. Parmi les sept pleurétiques que nous avons reçus à la clinique, deux avaient des épanchemens doubles (n.os 2 et 4).

Si nous apprécions maintenant les symptômes locaux et généraux que nous avons rencontrés, nous arriverons au résultat suivant.

Douleur. Elle a existé dans tous les cas; un malade seulement, affecté d'une pleurésie double, ne ressentait de douleur que d'un côté. Cinq fois la douleur a été très-aiguë; elle a été modérée dans les deux autres. Quatre fois elle existait à gauche; trois fois à droite; une fois directement sous le sternum. Dans ce dernier cas l'épanchement était à gauche. Toutes les fois que la douleur était à droite, elle avait son siége sous le mamelon. Il n'en était pas de même du côté opposé. Une fois elle existait sous le mamelon gauche; trois fois à la partie postérieure; savoir, une fois à la région moyenne et deux fois à la région inférieure.

On voit par la table de récapitulation, à la fin de ce chapitre, que la durée moyenne de la douleur, avant le traitement, a été de 14 jours, tandis qu'après le traitement elle n'a plus été que de 2 : différence digne d'être notée, et qui prouve en faveur de l'efficacité de notre traitement. On ne saurait objecter contre la valeur de ce chiffre, que plus la douleur avait duré, moins il devait y avoir de chances pour sa prolongation, et que le temps par conséquent a autant contribué à la cessation de ce symptôme que les remèdes. Cette objection tomberait devant ces mêmes chiffres, qui prouvent qu'en général moins la douleur avait duré avant l'entrée du malade à la clinique, plus tôt elle a cédé. En outre, les malades qui ont été affectés à l'hôpital, n'ont conservé ce symptôme que pendant 2 ou 3 jours, tandis qu'il a persisté 28 à 35 jours chez ceux qui l'avaient avant leur entrée à la clinique.

Nous avons pu noter chez la malade n.° 4 un phénomène déjà désigné par les médecins les plus anciens comme signe d'empyème, c'est-à-dire, le sentiment très-pénible d'un poids qui la sollicitait sans cesse du côté le plus affecté, se faisait sentir toutes les fois qu'elle essayait de s'asseoir dans son lit, et devenait surtout fatigant quand elle était debout.

La même malade présentait un autre signe d'empyème bien décrit et analysé par un médecin de Dublin, M. Stokes; c'est la descente du foie qui, abaissé par l'épanchement, débordait les fausses côtés, et qu'on pouvait ramener à sa place naturelle, en couchant la malade horizontalement et en refoulant légèrement l'organe déplacé, vers la cavité thoracique.

La *toux*, contre l'assertion de M. Andral, s'est trouvée être un des phénomènes les plus constans; tous nos malades l'ont présentée. Plusieurs d'entre eux toussaient depuis quelque temps avant le début de la maladie; la toux s'aggrava alors sensiblement et devint plus sèche; chez les autres elle débuta avec les premiers symptômes de la maladie, et chez tous elle persista jusqu'à sa résolution complète; en sorte que, pour ce qui concerne les cas soumis à notre observation, nous pouvons regarder la toux comme le premier et le dernier symptôme de la pleurésie.

Son intensité a été variable, augmentant le plus souvent pendant la nuit; en général sèche dans le commencement, elle devenait, comme on l'observe ordinairement, de plus en plus humide et grasse.

Nous ne nous arrêterons pas au caractère de l'expectoration. Elle n'a pas ici, comme dans la pneumonie, une grande importance, et varie suivant l'état catarrhal de la muqueuse bronchique; disons cependant que nos observations s'accordent avec celles des auteurs qui regardent une expectoration abondante comme le signe de la résolution de la maladie.

Le *décubitus* dans la pleurésie est un phénomène qui a excité l'attention des observateurs; on admet communément que les malades couchent de préférence, ou sont inclinés, vers le côté affecté. Cela est vrai en général; mais les malades ne préfèrent ce décubitus qu'autant que rien ne s'y oppose. Il faudrait donc chercher à déterminer les circonstances dans lesquelles il est dérogé à cette loi générale; les cas soumis à notre observation, quoique peu nombreux, nous ont cependant permis d'étudier quelques-unes de ces exceptions.

Trois de nos malades couchaient de préférence sur le côté sain (n.os 1, 2, 6), le dernier même contre son habitude; le second, qui avait un épanchement double, couchait mieux du côté gauche, où cet épanchement était moindre. Ainsi trois fois sur sept les malades ont couché sur le côté sain. L'exception serait ici presque aussi fréquente que la règle, si on ne tenait compte de la raison de ce fait. Pour les n.os 1 et 6 nous avons trouvé une douleur très-forte, augmentée par la pression et le décubitus; mais dès que cette douleur fut calmée, les malades s'inclinèrent vers le côté affecté; le malade n.° 2 présentait une hypertrophie considérable du cœur, qui paraissait rendre plus facile le décubitus du côté de cet organe.

Il semblerait qu'on dût conclure avec quelques auteurs que, pendant la durée de la douleur pleurétique, le décubitus a lieu sur le côté non affecté, tandis qu'il se fait sur le côté malade lorsqu'il y a simple épanchement; mais il est encore ici des exceptions. Quoiqu'il n'y ait que peu ou point d'épanchement, le décubitus peut avoir néanmoins lieu sur le côté malade; en effet, certains sujets chez lesquels la douleur, peu augmentée par le décubitus, l'est davantage par les mouvemens respiratoires, peuvent se coucher sur le côté malade pour éviter la dilatation du thorax (n.° 7). En résumé, on voit que le décubitus est déterminé par plusieurs circonstances, dont on peut le plus souvent se rendre compte.

La *gêne de la respiration* est variable; elle est déterminée, comme le décubitus, par l'abondance de l'épanchement ou par la douleur. Dans le premier cas, elle est due à la compression du poumon, d'une part, et de l'autre, au besoin de respirer augmenté; dans le second cas, les mouvemens thoraciques, bridés par la douleur, s'opposent à ce qu'il soit satisfait à ce besoin, et gênent ainsi la fonction respiratoire. Chez cinq de nos malades, la dyspnée a dépendu de la première de ces causes; chez les deux autres (n.os 3 et 7), elle était produite par une douleur très-vive, qu'occasionait la dilatation du thorax dans l'acte de la respiration. Chez deux de nos malades, enfin (n.os 2 et 4), il s'était joint à l'épanchement une autre cause de dyspnée, une maladie organique du cœur; aussi y avait-il orthopnée chez eux. Dans tous ces cas, la dyspnée augmentait vers le soir.

On peut remarquer ici combien l'analyse rigoureuse des symptômes jette de jour sur leur valeur, et que, si on les accuse ordinairement d'être trop variables, c'est parce qu'on néglige le plus souvent de les comparer aux circonstances dans lesquelles ils se produisent, et qui sont capables d'influer sur leur manifestation.

Nous avons apporté un soin spécial à recueillir les signes physiques dans les maladies de poitrine; les explorations ont été aussi fréquentes que possibles. Plusieurs malades ont été explorés deux fois par jour, afin de mieux suivre les phases des maladies. Nous pouvons donc garantir comme très-exacts les résultats que nous allons donner.

Percussion. La percussion a offert la matité, signe de l'épanchement chez tous les sujets soumis à notre observation. Chez six, l'épanchement existait au moment de leur entrée à la clinique; chez un seul (n.° 5), il n'est survenu que plus tard. Dans ce dernier cas, nous avons constaté que la douleur avait duré trois jours, et que l'épanchement n'est survenue que deux jours après sa disparition. Un des six autres malades nous a également déclaré que la *dyspnée* dont il était affecté, n'avait augmenté que *plusieurs jours après la cessation du point de côté.* A ce sujet M. Aronssohn nous a fait observer que, dans un assez grand nombre de pleurésies, l'épanchement ne survient qu'après la disparition ou lors de la diminution de la douleur, et qu'il ne faut pas concevoir trop de sécurité, et croire qu'après la cessation de ce symptôme et de la fièvre, le malade est toujours en voie de guérison; car, comme ce médecin dit aussi l'avoir observé dans l'arachnitis, il peut alors survenir un épanchement.[1]

Dans six cas, la matité existait au côté où siégeait la douleur; dans un seul, comme nous l'avons dit, l'épanchement était à gauche, tandis que la douleur se trouvait sous le sternum. Quant aux deux sujets qui portaient un épanchement double (n.ºs 2 et 4), la douleur s'était successivement manifestée dans les deux côtés; chez le premier et le second de ces malades, l'épanchement le plus considérable répondait au côté où avait été la douleur la plus forte.

L'étendue occupée par la matité a été ainsi répartie:

Quatre fois le quart de la hauteur du côté.
Deux fois la moitié — —
Deux fois les deux tiers — —
Une fois les trois quarts — —

---

1 Je viens d'observer un fait qui confirme parfaitement cette opinion. Il y a environ quinze jours, l'interne de service dans les salles de M. le docteur Schahl vint me prier d'examiner un malade récemment entré. Cet homme, âgé de 60 ans, assez bien constitué, avait été pris d'un violent point de côté à droite avec frisson; il entra à l'hôpital le quatrième jour, je ne découvris, après une percussion et une auscultation minutieuses, aucune trace d'épanchement. Le son de la poitrine et le bruit respiratoire étaient partout à l'état normal; l'oppression assez forte, la fièvre très-intense: une saignée fut immédiatement pratiquée. J'examinai encore le malade le même soir et le lendemain. La douleur avait disparu dans la nuit; *aucun épanchement n'était encore survenu*: le soir après un nouvel examen je trouvai un épanchement notable. Le sixième jour l'épanchement était considérable, le malade dans une prostration complète, et la respiration très-gênée; il expira dans la journée.

Autopsie 48 heures après la mort. Je trouvai environ un litre d'une sérosité verdâtre dans la plèvre droite, avec flocons albumineux.

On voit que dans ce cas la disparition de la douleur avait précédé d'un jour au moins l'apparition de l'épanchement.

On voit que nous n'avons pas eu d'épanchement bien haut. Il serait important de savoir depuis quelle époque durait l'épanchement au moment où les malades sont entrés à la clinique, afin de pouvoir comparer ce chiffre à celui de la durée de la maladie, postérieure à l'entrée, et obtenir par là, comme nous avons pu le déterminer pour la douleur, des données sur l'efficacité des moyens employés. Mais nous avons dit que, l'épanchement ne survenant pas immédiatement, cette durée ne pouvait se compter à partir du début de la maladie. Remarquons cependant que la durée moyenne de la matité, à dater de l'entrée à la clinique, a été de quinze jours ; or, on a vu que la douleur avait disparu, terme moyen, 2 jours après le traitement commencé. Ces chiffres indiquent donc déjà combien il est plus aisé de faire disparaître la douleur que l'épanchement, et qu'il ne faut pas s'en rapporter à la cessation de ce signe pour croire une pleurésie terminée, puisque chez nos malades l'épanchement a encore persisté, terme moyen, 13 jours après la cessation du point de côté.

Dans six cas on a daté l'épanchement du commencement de la matité, et sa cessation, de la disparition de cette dernière, puisque la cessation de la matité a coïncidé avec la cessation des phénomènes locaux ou généraux. Dans un seul cas la matité a duré plus longtemps que les symptômes.

La *mensuration* du thorax a été faite dans tous les cas, et dans trois d'entre eux elle nous a donné des résultats notables (n.os 4, 5, 6). Une fois la dilatation du côté malade a été de quatre lignes ; une autre fois de ½ pouce, et dans un troisième cas, de neuf lignes. Ce dernier résultat est d'autant plus remarquable, qu'il a été obtenu sur une femme (n.° 4), qui portait un épanchement double et où, par conséquent, le côté le moins spacieux était probablement aussi dilaté.

L'existence d'un double épanchement n'infirme donc pas toujours les résultats de la mensuration ; même dans les cas où la dilatation, égale des deux côtés, rend toute mensuration comparative impossible, cette dilatation peut acquérir un développement tel qu'elle peut encore être appréciée d'une manière absolue. C'est ce qu'on a pu observer chez le sujet porté sur le tableau au n.° 2, et qui présentait une forte voussure à la partie postérieure et inférieure des deux côtés. Disons encore, que chez trois sujets aucune dilatation n'a pu être remarquée. Dans ces cas, la pleurésie, très-aiguë et accompagnée seulement d'un très-faible épanchement, s'était rapidement terminée par la santé.

Les *modifications du bruit respiratoire*, moins variées dans la pleurésie que dans la pneumonie, sont cependant d'une haute importance ; elles comprennent l'absence de tout bruit respiratoire, l'obscurité de ce bruit, ou son remplacement par la respiration bronchique. Le simple obscurcissement du bruit respiratoire dans le lieu affecté ne s'observe qu'au début des pleurésies, ou lorsque l'épanchement est très-peu abondant. C'est pour cette raison qu'on le rencontre rarement dans les hôpitaux ; dans un cas seulement nous l'avons perçu (n.° 3), et la pleurésie était très-légère. Cependant il en est quelques-uns où le bruit respiratoire est très-obscurci, sans qu'il y ait le moindre épanchement. Il suffit qu'un des points des parois thoraciques devienne le siége d'une douleur *même rhumatismale* pour que ce côté cesse de se dilater et que le bruit de la respiration devienne très-faible dans l'endroit correspondant. On peut se convaincre de la non-existence de l'épanchement, en exerçant la percussion ou bien en engageant le malade à vaincre la douleur, afin d'inspirer profondément. Dans le premier cas, on obtient une sonoréité normale, et dans le second, un bruit respiratoire parfait.

L'absence complète du bruit respiratoire est beaucoup plus fréquente, surtout dans les hôpitaux, que le simple obscurcissement, parce que le mal est ordinairement déjà avancé lors de l'entrée des malades. Aussi avons-nous cinq fois noté cette absence de la respiration sur trois malades, dont deux portaient un épanchement double, et chez lesquels la respiration manquait totalement dans l'endroit occupé par le liquide.

Le *souffle bronchique* est plus rare dans la pleurésie que le phénomène précédent; le contraire a lieu pour la pneumonie, où l'on observe rarement une absence totale du bruit respiratoire. Pour que le souffle bronchique ait lieu dans la première de ces affections, l'épanchement ne doit être ni trop, ni trop peu abondant. C'est ce que nous avons observé chez trois de nos malades (n.os 1, 5, 6). Ce phénomène a même servi, chez le malade n.° 5, à faire reconnaître l'existence de l'épanchement pleurétique, quoique la douleur n'existât que sous le sternum.

La *respiration puérile* peut souvent mettre sur la voie d'une maladie de l'organe respiratoire : produite dans un poumon ou portion de poumon non affecté, et dont l'activité augmentée tend à suppléer à l'action des parties rendues imperméables, elle exige un épanchement d'une certaine étendue et de quelque durée. Nous l'avons trouvée cinq fois, soit dans le côté opposé à la maladie, soit dans la partie non affectée du côté malade. Dans les deux cas où elle n'existait point, l'épanchement très-léger ne durait que depuis peu de temps (n.ºs 3 et 7).

Les *râles* ne sont point essentiels dans cette maladie, quoiqu'on les rencontre fréquemment; ils doivent être attribués aux complications de cette affection avec une lésion du poumon; l'observation est venue confirmer cette proposition. En effet, le râle muqueux, sonore et sibilant, qui a été entendu dans trois cas (n.ºs 1, 5, 6), était chaque fois lié à une bronchite, et le râle sous-crépitant perçu une fois (n.º 5) à un œdème du poumon.

Les *modifications* que subit la voix à travers le cylindre, dans la pleurésie, sont plus importantes. Elles se réduisent à deux nuances principales : la *bronchophonie* et l'*égophonie;* cette dernière, qui n'est qu'une voix bronchique plus ou moins *chevrotante*, s'entend surtout lorsque l'épanchement est léger, ou aux limites d'un épanchement considérable. Sur sept cas d'épanchement, nous n'avons trouvé l'égophonie qu'une seule fois dans toute l'étendue de la matité, et six fois à ses limites supérieures. La bronchophonie, toujours liée au souffle bronchique, a été reconnue dans trois cas d'une manière beaucoup plus marquée et dans une étendue plus grande que l'égophonie, et elle a été pour nous un signe beaucoup plus certain. Dans quelques cas ces deux phénomènes existaient sur le même individu; c'est ainsi que le nombre de cas où ils ont été entendus, dépasse celui des maladies. Qu'on ne nous accuse pas de vouloir subtiliser, en prétendant reconnaître sur le même individu l'égophonie et la bronchophonie. En jetant un coup d'œil sur le tableau, on verra que ces bruits n'ont pas été perçus simultanément; mais que dans certains cas l'égophonie a succédé à la bronchophonie; que d'autres fois le premier de ces phénomènes se percevait au niveau de l'épanchement, tandis que l'autre était perceptible dans le reste de l'endroit malade. Au reste, sans attacher une grande importance à cette distinction, nous sommes convaincus que ces deux modifications d'un phénomène identique sont également sûrs pour diagnostiquer un épanchement.

L'absence de la vibration des parois thoraciques dans le point affecté d'épanchement, a été notée dans quelques cas; ce signe, donné par M. Raynaud comme indiquant d'une manière sûre la compression du poumon, a été fort remarquable chez la malade n.° 4, qui portait un épanchement double, et où la vibration thoracique manquait dans toute l'étendue de la matité des deux côtés.

Outre les signes stéthoscopiques dont il vient d'être parlé, nous avons entendu des bruits anormaux du cœur, liés à une maladie organique de ce viscère. Chez l'un (n.° 2), un bruit de soufflet remplaçait les deux bruits du cœur : causé par une hypertrophie avec rétrécissement des orifices, il entraîna la mort (voir l'observation). Chez l'autre (n.° 4) c'est un bruit de râpe correspondant au premier bruit du cœur, lié probablement à une ossification valvulaire : à la sortie de la malade il existait encore.

Après avoir passé en revue les symptômes locaux et les signes physiques fournis par ces pleurétiques, il nous reste à parler des symptômes généraux essentiels à la maladie. Ce qu'il y a d'important à noter ici, ce n'est pas l'existence de chaque symptôme pris à part, c'est leur combinaison et leur enchaînement qui, ainsi que nous l'avons déjà établi, éclairent le diagnostic et la thérapeutique. Nous devons ajouter que six de nos malades ont éprouvé du frisson au début, et qu'un seul (n.° 2) n'en a point ressenti. La pleurésie dans ce cas était traumatique. Il existe une autre espèce de frisson dans la pleurésie; M. ARONSSOHN nous l'a souvent fait remarquer : c'est celui qui survient vers la fin de la maladie. Loin d'annoncer une récrudescence, il est ordinairement l'indice de la résolution de l'épanchement, si toutefois ce dernier est peu considérable. Ces frissons sont alors légers, surviennent par accès et ordinairement dans l'après-midi (voy. observ. n.° 6).

Il est généralement reconnu que le pouls dans la pleurésie est contracté, petit, accéléré; la fréquence est ordinairement de la même durée que l'épanchement. Si l'on trouve des exceptions, il faut, au lieu de s'efforcer d'infirmer, par quelques faits isolés, le principe consacré, chercher la raison de cette exception. Chez cinq de nos malades le pouls avait les caractères que nous venons d'indiquer, et il n'a pas changé jusqu'à l'entière guérison. Deux malades, au contraire (n.os 2 et 4), présentaient un pouls élevé, et chez l'un d'eux il n'était pas fréquent. Il est à observer que ces deux malades se trouvaient précisément être ceux qui portaient en même temps une affecion du cœur : complication par laquelle s'expliquent les modifications exceptionnelles du pouls.

Des sept pleurésies qui ont été reçues à la clinique, cinq ont présenté des complications, deux fois (n.os 2 et 4) de maladie organique du cœur, trois fois (n.os 1, 5 et 6) de bronchite. Nous avons compté cinq guérisons : une malade sortit de l'hôpital sans être guérie, mais considérablement soulagée (n.° 4). Lorsque cette femme entra à la clinique, la maladie durait depuis 35 jours, et était compliquée d'une affection du cœur. Un seul malade mourut, non pas des suites de la pleurésie, mais de celle d'une hypertrophie du cœur. L'épanchement avait même diminué, et à l'autopsie nous trouvâmes, outre les résultats de la pleurésie double, une hypertrophie considérable du ventricule gauche, avec ossification et insuffisance des valvules aortiques (voir l'observation). Chez la malade n.° 3, qui avait été atteinte de pleurésie après la répercussion d'une éruption, et qui avait pris en ville un vomitif, la maladie cessa immédiatement après l'apparition d'une gastrite, qui succéda à l'emploi du calomel. Y a-t-il eu ici nouvelle métastase psorique, ou simplement effet révulsif, dû à l'irritation produite par le calomel? Cette dernière supposition est la plus probable.

Nous n'avons guère observé de mouvemens critiques chez nos pleurétiques. Une éruption pustuleuse survint aux lèvres chez l'un de nos malades (n.° 1), et coïncida avec une diminution notable de la maladie; une autre fois on a observé vers la fin une urine très-sédimenteuse (n.° 6). Nous ne rangeons pas parmi les crises la salivation mercurielle qu'éprouva une des malades, et qui donna lieu à une prompte résorption de l'épanchement.

Quatre d'entre ces pleurétiques n'avaient pas subi de traitement avant leur entrée à l'hôpital; trois avaient été traités (n.os 2, 3 et 4), dont deux par des émissions sanguines (n.os 2 et 4), et un par des émissions sanguines et un vomitif (n.° 3).

Au moment de l'entrée à l'hôpital, la durée moyenne de la maladie avait été de 15$^2/_7$ jours (voyez la table de récapitulation).

Le traitement a varié en général suivant la période, l'intensité et la forme de la maladie : saignée au début, ensuite révulsifs et, concurremment à l'intérieur, dérivatifs : diurétiques et laxatifs.

Émissions sanguines. Elles furent employées chez quatre sujets, savoir :

N.° 1, 2 saignées et ventouses scarifiées.

N.° 2, 1 saignée.

N.° 4, plusieurs applications de sangsues.

N.° 7, 2 saignées.

Les émissions sanguines n'ont jugulé la maladie que dans deux cas (n.ºs 1 et 7), qui étaient très-récens lors de l'entrée; dans les autres elles n'ont pu que dompter la douleur ou diminuer la dyspnée.

Vésicatoires chez les 4 malades (n.ºs 1, 4, 5, 6).

Calomel, soit seul, soit uni a l'opium (n.ºs 3, 4, 6). Chez les deux derniers il produisit une salivation abondante, qui, dans un cas (n.° 6) amena la guérison sans autre moyen. La malade n.° 3, qui avait pris un vomitif en ville, ne put pas le supporter.

Diurétiques. (Acétate de potasse, digitale, nitre). Ils furent employés chez les deux malades atteints d'affections du cœur, et ne purent amender les symptômes que dans l'un de ces deux cas.

L'oxide blanc d'antimoine fut employé pendant six jours à la dose d'un scrupule à un gros; on peut voir dans l'observation détaillée quel effet salutaire il a produit dans un épanchement très-abondant (n.° 5).

Sans pousser plus loin ces considérations générales,

nous nous bornerons à dire que la durée moyenne du traitement des malades qui ont guéri a été de 8 jours. Pour faire comprendre cette courte durée du traitement, comparée à celle du séjour des malades à l'hôpital, et dont la moyenne est de 26 jours, nous devons dire que plusieurs ont été retenus, soit par une faiblesse générale, soit par d'autres maladies consécutives à la pleurésie et ainsi réparties :

Hypochondrie (n.° 1), 28 jours;
Gastrite (n.° 3), 11 jours;
Salivation mercurielle (n.° 6), 17 jours;
Grande prostration (n.° 7), 24 jours.

La table de récapitulation ci-jointe fera voir d'un coup d'œil les circonstances les plus importantes qui se rattachent à l'histoire de ces malades, en tant qu'elles ont pu être représentées par des chiffres.

TABLE DE RÉCAPITULATION pour les pleurésies.

NUMÉROS D'ORDRE.	I.	II.	III.	IV.	V.	VI.	VII.	Moyenne
Age.	28	76	26	25	49	35	55	42
Durée de la douleur avant le traitement.	3	0	12	35	0	25	22	14
Durée de la douleur depuis le traitement.	4	2	1	0	3	3	2	$2\frac{1}{7}$
Durée de la maladie avant le traitement.	3	30	12	35	0	25	2	$15\frac{2}{7}$
Durée du traitement.	6	10	2	55	17	11	4	15
Durée totale de la maladie.	9	40	14	90	17	36	6	$30\frac{2}{7}$
Durée du séjour.	34	10	13	55	19	28	28	$26\frac{5}{7}$

Histoires particulières de Pleurésies.

PREMIÈRE OBSERVATION (N.° 5 du tableau).

Douleur sous-sternale; épanchement dans le côté gauche; oxide blanc d'antimoine. Guérison.

Marie Fenninger, femme mariée, âgée de quarante-neuf ans; constitution forte; tempérament sanguin, non réglée depuis un an: entrée à la clinique, le 6 Juin 1836.

Elle nous rapporte qu'à différentes reprises elle a été atteinte de rhumatisme musculaire; qu'elle tousse depuis deux mois, que depuis trois jours cette toux a beaucoup augmenté de fréquence et d'intensité, et qu'il s'y est joint de la dyspnée, de la lassitude et de la fièvre sans frisson.

État de la malade à son entrée à l'hôpital : respiration gênée et accélérée; toux forte et fatigante; expectoration muqueuse abondante; point douloureux sous le milieu du sternum, réveillé par les simples mouvemens respiratoires; aucune douleur dans les côtés de la poitrine, qui présente une sonoréité normale; du côté droit on entend un râle sonore, très-intense; à gauche, inférieurement et en arrière du râle sous-crépitant; anorexie; nausées; bouche amère; ventre libre; pouls élevé, fréquent (104); pendant quelques jours le mal fut considéré comme une simple bronchite, on ne prescrivit qu'une potion gommeuse. Le cinquième jour du traitement : aggravation de la toux et de la dyspnée ; insomnie; chaleur à la peau; pouls fébrile décubitus sur le côté gauche.

Nouvelle exploration : son mat dans les ¾ inférieurs du côte gauche; bruit respiratoire remplacé par un souffle bronchique très-intense; voix bronchique, approchant, pour la force, de la pectoriloquie; le niveau de la matité se déplace, ainsi que les phénomènes stéthoscopiques, lorsque la malade change de position; l'égophonie est distincte au niveau supérieur de la matité; le souffle tubaire est si fort qu'on l'entend même au côté sain, qui présente une respiration puérile notable; le côté gauche est dilaté de quatre lignes.

Diagnostic : *Épanchement pleurétique considérable du côté gauche.* On prescrit pendant dix jours le looch bl. ℥iv, avec oxid. bl. d'antimoine ʒß, en portant l'oxide jusqu'à un gros. L'éréthisme fébrile et la dyspnée diminuent notablement; mais les phénomènes de l'épanchement persistent jusqu'au quinzième jour, à dater duquel celui-ci diminue rapidement; la matité n'occupe plus que le ¼ inférieur; le bruit respiratoire est revenu en même proportion; mais il est encore obscur; pouls subfréquent; diminution considérable de la toux et de la dyspnée. (Vésicatoire sur le côté gauche; oxide d'antimoine ʒj.)

Le 19 : disparition complète du souffle et de la voix bronchiques; retour de la sonoréité, qui est toutefois encore imparfaite; cessation de la dyspnée; toux presque nulle; pouls à 80; appétit bon; rétablissement des forces. La malade sort quelques jours après, n'ayant plus ni toux, ni oppression, ni fièvre; le côté gauche est revenu à ses dimensions ordinaires; le bruit respiratoire est parfait, mais la sonoréité reste encore un peu obscure.

Cette maladie nous présente plusieurs points intéressans, et d'abord le siége extraordinaire de la douleur, qui n'eût jamais pu, sans la percussion et l'auscultation, faire soupçonner le siége de l'épanchement; cette douleur n'était pas, comme on pourrait le croire, un sentiment d'érosion que les malades éprouvent si souvent, sous le sternum, dans la bronchite : elle était aiguë, lancinante, et augmentait au moindre mouvement; elle présentait, en un mot, pour l'acuité, tous les caractères de la douleur pleurétique.

Une cause d'erreur de diagnostic, non moins importante, a existé ici. En effet, la matité, jointe au souffle bronchique très-intense, aurait pu nous conduire à diagnostiquer une hépatisation du poumon, à laquelle nous nous serions probablement arrêté, sans la dilatation du côté, le changement de niveau de la matité et la variation des signes stéthoscopiques lorsque la malade changeait de position : l'erreur eût été d'autant plus facile, qu'un râle crépitant, entendu quelques jours auparavant, aurait pu être regardé comme premier signe de l'inflammation du poumon.

C'est particulièrement sur cette malade que M. Aronssohn a appelé notre attention, pour faire voir la corrélation entre la disparition de la douleur et l'apparition de l'épanchement.

Au moment où fut commencée l'administration de l'oxide blanc, il y avait un éréthisme vasculaire prononcé, qui se dissipa dès le deuxième jour de l'emploi de ce remède; il fut continué exclusivement jusqu'à la résorption complète de l'épanchement.

DEUXIÈME OBSERVATION (N.° 6 du tableau).

Pleurésie du côté gauche ; décubitus à droite ; calomel. Guérison.

Françoise Gaspard, âgée de trente-cinq ans, servante, d'une constitution robuste, d'un tempérament sanguin ; entrée à la clinique le 26 Juin 1835.

Interrogée sur son état antérieur, elle nous dit, qu'affectée, depuis plusieurs mois, d'une petite toux sèche, peu fatigante, elle ressentit tout à coup, il y a vingt-cinq jours, cette toux plus vivement, en même temps qu'elle fut prise d'un violent frisson et d'une douleur aiguë dans la partie postérieure et moyenne du côté gauche, avec forte oppression. Les règles, qui coulaient la veille, s'étaient supprimées ; la toux et la dyspnée allèrent croissant ; depuis huit jours il était survenu des frissons irréguliers, suivis de chaleur sans sueur, et surtout l'après-midi.

A son entrée à l'hôpital : décubitus sur le côté droit, contrairement à l'habitude de la malade, impossible à gauche à cause de la douleur ; oppression très-forte au moindre mouvement ; parole brève, entrecoupée, haletante ; toux forte avec expectoration muqueuse peu abondante.

Exploration. Côté gauche visiblement dilaté ; la mensuration donne six lignes de différence ; de plus matité complète dans la moitié inférieure de ce côté ; son normal dans le reste de la poitrine ; souffle bronchique très-fort dans toute l'étendue de la matité ; bronchophonie intense, *chevrotante* en quelques endroits, principalement aux limites supérieures de la matité ; dans le côté droit, respiration puérile, mêlée de râle sibilant ;

battemens du cœur à l'état normal; pouls subfréquent; urines naturelles; ventre en bon état; période menstruelle passée depuis huit jours, sans que les règles aient paru. (Calomel gr. ix; magn. calcin. ℈j; faites trois poudres à prendre dans la journée.)

Pendant deux jours point de changement; tous les soirs accès de frissons, suivis de chaleur et d'un peu de sueur. (Même médication.)

Le *troisième jour* du traitement l'oppression diminue, ainsi que la douleur de côté; les redoublemens de fièvre continuent à se montrer tous les soirs, mais sans frissons; pouls fréquent, contracté (mêmes remèdes).

Cinquième jour du traitement : commencement de ptyalisme; disparition de la douleur; la malade se couche sur le dos, inclinée vers le côté malade; plus d'accès fébrile vers le soir. L'auscultation et la percussion donnent les mêmes signes que le jour de l'entrée. (Oxide bl. d'ant. ʒß, dans looch blanc ℥iv.)

Les jours suivans, malgré la suspension du mercure et l'administration de purgatifs et de gargarismes astringens, le ptyalisme continue à faire des progrès.

Huitième jour : langue gonflée, douloureuse; gencives ulcérées, recouvertes d'une couenne blanche; fièvre assez forte. Nous constatons que dans le même temps l'épanchement a diminué de deux pouces. (Eau lax. de Vienne ℥iv; gargarism. alumin.)

Neuvième jour : abcès dans la joue droite, dont le pus est rendu avec l'expectoration; du reste, même état.

Onzième jour : ptyalisme toujours très-violent; oppression et toux dissipées; tous les signes de l'épanchement ont disparu; la salivation persiste encore pendant plusieurs jours avec assez d'intensité, puis elle va en diminuant jusqu'au 20 Juillet: le 22 la malade sort guérie.

Sous le rapport du diagnostic, cette observation a la plus grande analogie avec la précédente; mêmes signes stéthoscopiques, même côté affecté. Sous le rapport thérapeutique, elle en diffère par le moyen employé, qui devait être beaucoup plus énergique ici que dans le cas précédent, parce que la maladie durait déjà depuis vingt-cinq jours; aussi, à la suite de la salivation abondante qui s'établit, la résorption de l'épanchement est arrivée le onzième jour du traitement, tandis qu'elle n'a eu lieu que le dix-neuvième jour chez la malade précédente, où cependant l'épanchement était beaucoup plus récent.

On a pu remarquer sur cette malade la modification imprimée au décubitus par la douleur pectorale, et voir que tant que celle-ci était intense, la malade a couché sur le côté sain.

(Voyez pour les autres cas de pleurésie le tableau synoptique annexé à la fin.)

PNEUMONIE.

Le nombre des pneumonies, y compris celui des pleuro-pneumonies, a été presque le double de celui des pleurésies; il s'élève à 13, dont 9 hommes et 4 femmes. Dans la pleurésie ces dernières prédominaient.

2	malades	étaient	âgés de	18 à 30 ans;
4	—	—	—	30 à 40
2	—	—	—	40 à 50
5	—	—	—	50 à 60.

Moyenne 41 ans : âge assez avancé et peu favorable, comme on sait, dans cette maladie.

Sept malades étaient d'une constitution forte;

Six d'une constitution délicate;

Chez six malades le tempérament sanguin a dominé;

Chez deux il était bilieux;

Chez deux autres lymphatique;

Chez trois il n'avait point de caractère prononcé.

Les maladies antérieures qu'il importe tant de noter comme sources de diagnostic et de pronostic, et dont la connaissance modifie souvent le traitement, peuvent se ranger pour nos malades dans l'ordre suivant:

Trois d'entre eux avaient une toux chronique;

Deux, des rhumatismes articulaires;

Un, une douleur fixe entre les omoplates, tenant à une maladie des côtes;

Un, un ulcère à la jambe: la suppuration s'était tarie dès le début de la pneumonie; mais il recommença à suppurer dès que cette affection disparut;

Quatre n'accusaient aucune maladie antérieure;

Deux ne purent fournir aucun renseignement;

Les malades qui ont pu remonter avec quelque certitude à la cause de leur mal, ont presque tous accusé un refroidissement dû à un froid humide prolongé; observation en opposition avec celle d'HIPPOCRATE et de la plupart des médecins qui attribuent la pneumonie à l'influence d'un froid sec. Cette différence tient probablement à l'époque de l'année (été et automne) où ont été recueillies nos observations.

Deux malades ont indiqué de violens chagrins;

Chez deux autres la pneumonie éclata durant leur séjour à l'hopital (n.os 1 et 10) et sans cause appréciable;

Un seule malade (n.° 3) fit dériver sa maladie d'une grande frayeur;

Un malade ne put alléguer aucune cause (n.° 6);

Deux, enfin, ne donnèrent point de renseignemens positifs.

On voit par ce relevé que tantôt les causes sont très-variables, et que tantôt elles sont enveloppées d'une grande obscurité. Faut-il en conclure avec M. CHOMEL que les différentes causes, généralement admises comme produisant la pneumonie, sont de peu de valeur ou même douteuses. Beaucoup de malades, il est vrai, imaginent souvent une cause quelconque et indiquent, par exemple, la dernière circonstance qui a précédé leur maladie, comme la cause déterminante; mais il n'en est pas toujours ainsi, et on ne peut méconnaître l'influence directe de certains agens dans la production des maladies, et en particulier l'influence du refroidissement dans la pneumonie.

Prodromes : Ici, comme dans la pleurésie, la maladie a le plus souvent débuté d'une manière brusque et sans symptômes précurseurs. Dans un seul cas la céphalée et l'abattement ont précédé d'un jour la pneumonie. En observant avec soin l'ordre dans lequel se sont déclarés les symptômes, nous sommes arrivé aux résultats suivans :

Deux fois les phénomènes d'invasion, frisson, douleur, toux, expectoration sanguinolente, ont paru simultanément;

Trois fois le frisson et la toux se sont montrés d'abord: la douleur ne survint que le lendemain ou le surlendemain;

Deux fois le frisson précéda les autres phénomènes;

Une fois le frisson et la douleur d'abord; ensuite la toux et les crachats;

Deux fois une toux habituelle, suivie de crachemens de sang et de douleur;

Une fois aucun phénomène n'annonça la maladie, qui resta latente (n.° 9);

Deux fois nous ne pûmes avoir des renseignemens exacts sur le début du mal (n.os 2 et 7).

Le siége de la pneumonie a été quatre fois à gauche, huit fois à droite, une fois (n.° 8) dans les deux côtés (pneumonie double). Il est à remarquer que dans un nombre de pleurésies à peine égal à la moitié de celui des pneumonies, nous avons eu deux pleurésies doubles.

Dans tous les cas la maladie avait son siége dans la partie inférieure du poumon et une seule fois dans la la partie moyenne (n.° 10). La douleur a existé dans neuf cas, sept fois à droite et deux fois seulement à gauche; six fois elle était circonscrite au mamelon; trois fois elle occupait la base du thorax.

En général, la douleur a été moins intense que dans les cas de pleurésie, et les autopsies ont prouvé que les sujets qui avaient accusé une douleur aiguë, étaient affectés en même temps de pleurésie (n.os 1 et 5).

Quatre malades n'accusèrent aucune douleur (n.os 4, 7, 8, 9) ; dans trois de ces cas la pneumonie était loin d'être franche ; chez deux individus elle s'est présentée comme phénomène intercurrent d'une fièvre typhoïde (n.os 4, 7) ; chez un troisième, dont nous donnerons l'histoire détaillée (n.° 8), elle avait un caractère œdémateux ; un quatrième, enfin, dont nous rapporterons également l'observation (n.° 9), nous a présenté au contraire une pleuro-pneumonie des plus intenses et des plus étendues, sans qu'elle ne se fût trahie ni par la douleur, ni même par la dyspnée ; mais elle fut constatée par l'auscultation.

En résumé, les pneumonies franches se sont toujours présentées avec la douleur, c'est-à-dire, sous forme de pleuro-pneumonie, tandis que les pneumonies symptomatiques n'offraient pas ce phénomène.

La douleur dans la pneumonie a duré moins longtemps et a été moins sujette à récidiver que dans la pleurésie. Ainsi dans cette dernière maladie nous l'avons vu, terme moyen, persister 14 jours et faire quelques récidives ; au lieu que dans la pneumonie, la durée de ce symptôme avant l'entrée des malades n'a été que de 3 ½ jours. La durée moyenne après le traitement, de 1 ¾ jours, a été moindre aussi que dans la pleurésie ; ce qui prouve l'efficacité du traitement employé dans la maladie qui nous occupe.

La toux a eu lieu à des degrés différens dans tous les cas de pneumonie dont elle a été le premier et le dernier symptôme. Elle s'est montrée en général moins fréquente et moins fatigante que dans la pleurésie. Augmentant ordinairement vers le soir, les malades s'en plaignaient surtout pendant la nuit.

L'examen des matières fournies par l'expectoration, a donné le résultat suivant :

Onze malades ont expectoré des crachats plus ou moins sanguinolens;

Un seul a, pendant la durée de la maladie, expectoré des crachats muqueux (n.° 9, pleuro-pneumonie latente);

Un d'entre eux n'a pas expectoré du tout (n.° 13, pneumonie légère).

Des onze malades qui ont présenté des crachats sanguinolens, cinq ont rendu du sang pur pendant 3 jours; trois de ces derniers n'avaient fait aucun traitement avant leur entrée à l'hopital (n.os 11, 12, 5); un seul avait été traité par les adoucissans (n.° 10). De ces cinq malades deux moururent (n.os 1, 5); la durée moyenne de la maladie des trois autres, qui se rétablirent, fut de 20⅓ jours; durée beaucoup plus considérable que celle des autres cas. D'après cela le crachement de sang pur paraîtrait être le signe d'un degré de gravité plus élevé de la maladie, tant sous le rapport de la durée que sous celui de la terminaison.

Les six autres malades présentèrent des crachats appelés rouillés, mais dont les nuances étaient tellement variées, que ce nom convenait à peine à la moitié des cas; ils étaient brunâtres, d'un jaune fauve ou verdâtres (bilieux). La durée de cette expectoration, que nous continuerons à appeler *rouillée*, mais dont le nom générique devrait plutôt être *visqueuse*, peut être représentée, terme moyen, par 4 jours.

Le *décubitus* dans la pneumonie est loin d'être aussi bien déterminé que dans la pleurésie; les malades couchent plus rarement sur le côté affecté, quoique la douleur soit moindre.

Le décubitus dorsal ou indifférent est celui que nous avons observé le plus fréquemment, comme on peut le voir par ce relevé :

Décubitus indifférent, quatre fois.
— sur le dos, trois fois.
— sur le côté malade, trois fois.
— sur le côté sain, une fois (n.° 3, à cause de la douleur).

La *gêne de la respiration* s'est rencontrée dans tous les cas, mais à des degrés variés : légère dans trois cas, plus intense dans six, à un degré très-élevé dans deux, très-visible dans deux autres, sans que les malades la ressentissent ou s'en plaignissent.

En jetant un coup d'œil sur notre tableau général, on trouvera que les malades qui ont présenté une grande gêne de la respiration (n.os 3 et 13), avaient la maladie à un degré très-peu intense, et dans une étendue très-limitée, tandis que chez ceux qui n'ont point ressenti de dyspnée (n.os 5 et 9, morts tous deux), la maladie avait envahi presque tout le poumon d'un côté. On voit donc que le degré de gêne de la respiration n'est pas une donnée certaine pour établir un diagnostic et un pronostic. L'erreur serait facile et fréquente, si on ne s'aidait de la percussion et de l'auscultation, pour constater l'état réel des poumons. Ces deux moyens d'exploration ont été pratiqués dans tous les cas de pneumonie.

La *percussion* a fait découvrir de la matité du côté malade dans onze cas ; dans deux, la sonoréité n'était pas altérée ; dans l'un (n.° 6), la pneumonie était très-limitée, très-légère et probablement profonde ; dans l'autre (n.° 8), elle n'a pas dépassé le premier degré, et s'est présentée avec un caractère sub-inflammatoire.

Dans tous les cas, la matité correspondait au côté malade et présentait différens degrés d'étendue, qui peuvent être représentés ainsi qu'il suit :

Matité très-bornée, une fois;
Occupant le tiers du côté, trois fois;
— la moitié du côté, deux fois;
— les deux tiers du côté, trois fois;
— les trois quarts du côté, une fois;
— presque tout le côté, une fois (n.° 9).

Il est à remarquer que le malade qui a présenté la matité la plus étendue, n'avait ressenti ni douleur, ni dyspnée, en un mot, qu'il portait une pneumonie latente.

Dans dix de ces cas, la pneumonie (ou la matité qui représente son siége), occupait la partie inférieure du poumon; une seule fois la portion moyenne de cet organe était prise (n.° 10); partout la maladie a marché de bas en haut, en augmentant d'étendue, comme nous avons pu nous en convaincre par la marche ascendante de la matité. Sa durée n'a pas toujours été en rapport avec celle de la maladie; ce phénomène a constamment disparu avant les autres symptômes. La raison en est, que la pneumonie une fois repassée au premier degré, n'altère plus guères la sonoréité des parois thoraciques.

La mensuration ne nous a donné de résultat que dans un seul cas (n.° 5), où il y avait en même temps épanchement pleurétique; encore n'est-il survenu qu'au moment de la résolution de la pneumonie. La rareté de l'épanchement dans la pleurésie compliquant une pneumonie, est un fait digne d'observation. Ce qui s'oppose probablement à l'épanchement, c'est la densité qu'a acquise le poumon, qui ne se laisse plus affaisser; aussi, lorsque la pneumonie revient à l'état de résolution, le liquide s'épanche dans la plèvre, à mesure que le poumon reprend son élasticité primitive. Ce fait pourrait aussi être dû à la coïncidence que nous avons signalée pour la pleurésie, entre la diminution des symptômes inflammatoires et la formation de l'épanchement. Il est donc important à cette époque de la pleuro-pneumonie de surveiller le moment de la résolution, à cause des épanchemens qui peuvent se faire.

Si, comme nous l'avons dit, le souffle bronchique est un phénomène concluant dans la pleurésie, il l'est bien plus encore dans la pneumonie : sur treize cas, nous l'avons observé six fois, et dans tous ces cas, la maladie avait passé au deuxième degré.

L'invasion et la durée de ce phénomène ont été variables; dans un cas (n.° 9), il a duré dix jours, et dans un autre (n.° 1), vingt, et il a fait place au souffle caverneux, qui nous a annoncé la formation de foyers purulens, qui ont été reconnus sur le vivant et constatés plus tard à l'autopsie (voyez les observations détaillées); dans les autres cas, la respiration bronchique n'a duré que de un à six jours. Le râle crépitant a existé dans tous les cas, deux exceptés (n.ºs 1 et 6) : dans l'un, la maladie n'a plus passé à la résolution, et le râle crépitant du début avait, à ce qu'il paraît, déjà disparu lorsqu'il a été présenté à notre observation; dans le deuxième, le mal était peu étendu et profond. Nous aurions voulu déterminer les époques et la durée du râle crépitant, signe si important dans la pneumonie, mais nous avons été arrêtés par une difficulté qu'on rencontre dans tous les hôpitaux. Lorsque les malades viennent réclamer des secours, le râle crépitant, qui se manifeste dès le début, a ordinairement déjà disparu pour faire place à d'autres signes. Cependant, comme quelques malades se sont présentés à temps, et que d'autres ont été pris de pneumonie pendant leur séjour à la clinique, nous avons pu, dans ces cas, observer la marche de ce phénomène.

Le râle crépitant, que nous appellerons *râle du début*, pour le distinguer du *râle crépitant de retour*, a été remarqué dans six cas (n.os 2, 3, 4, 8, 12, 13). Dans les deux premiers, il a duré un jour, puis il a été remplacé par la respiration bronchique; dans les quatre autres, il a persisté jusqu'à la fin de la maladie, soit parce qu'elle n'a pas dépassé le premier degré (n.os 12 et 13), soit parce qu'il est survenu un œdème du poumon (n.° 8), ou bien, enfin, parce que la pneumonie a été lobulaire, comme le sont ordinairement celles qui accompagnent le typhus (n.° 4).

Le râle crépitant de retour, signe avant-coureur de la résolution d'une hépatisation pulmonaire, a été noté six fois (n.os 1, 2, 5, 9, 10, 11). Plus gros, plus humide et surtout plus durable que le râle du début, il nous a servi de guide, ainsi que ce dernier, pour suivre pas à pas le développement et la résolution des pneumonies. Nous avons observé que dans tous les cas la maladie commençait à une portion plus ou moins déclive, pour s'élever successivement vers les parties supérieures. Si, par exemple, on entendait un jour la crépitation à la base, le lendemain ou le surlendemain ce point était hépatisé, et le râle crépitant se manifestait un peu plus haut, où il était remplacé à son tour par l'hépatisation. Quelquefois nous avons observé que, lorsque la pneumonie montait ainsi vers les parties supérieures, les parties inférieures repassaient à l'état de résolution (voy. l'observ. détaillée du n.° 5).

Nous devons ajouter que cette marche ascendante n'est pas aussi constante pour la résolution que pour le développement de la maladie ; et nous avons vu le retour à l'état normal commencer par les parties atteintes en dernier lieu.

Nous avons aussi deux fois rencontré le râle sibilant (n.os 4 et 8) : la pneumonie compliquait une bronchite. Le râle caverneux a été entendu dans deux autres cas (n.os 1 et 9) ; dans l'un il est survenu au vingtième jour, et a annoncé la formation d'un foyer purulent; dans le second il fut l'indice d'une vomique tuberculeuse.

Dans tous les cas où le râle crépitant a existé, le bruit respiratoire était devenu obscur.

Le simple obscurcissement sans aucun râle n'a presque jamais été observé dans la pneumonie; tandis qu'il est très-fréquent dans la pleurésie. Dans un seul cas (n.° 12) nous croyions l'avoir constaté : le bruit vésiculaire était à peine perceptible, sans aucun râle; bientôt nous fûmes convaincus que ce phénomène avait lieu dans toute l'étendue de la poitrine, et qu'il était lié à l'état normal. En effet, le bruit respiratoire, qui ne se perçoit pas d'une manière trop intense, est un signe d'une bonne organisation du poumon. Dans un autre cas (n.° 6) nous avons attribué un obscurcissement partiel sans râle ni souffle bronchique, non pas à l'engouement du poumon, mais à l'acuité de la douleur, qui empêchait la dilatation du côté malade.

La respiration puérile s'observe plus rarement dans la pneumonie que dans la pleurésie. Cela ne tient pas à ce que, dans la première de ces affections, le poumon sain ait moins besoin de redoubler son action; mais à ce que la dilatation outrée de ce même poumon ne se fait le plus souvent que graduellement, et exige un temps beaucoup plus long que la durée d'une maladie aussi rapide que la pneumonie. On peut donc dire que, si la respiration puérile se remarque plus rarement dans la pneumonie que dans l'inflammation de la plèvre, c'est qu'elle n'a pas le temps de s'établir. Il est une autre circonstance, qui explique peut-être encore mieux ce phénomène : c'est que l'épanchement pleurétique rendant ordinairement une plus grande portion du poumon imperméable, l'action supplémentaire du poumon sain devient alors plus nécessaire. Il faut donc, pour qu'il y ait respiration puérile, que la maladie ait duré un certain temps et atteint une certaine étendue, ainsi que nous avons pu l'observer chez les n.os 1, 5, 6, 9, 11, qui seuls ont présenté ce phénomène.

Les modifications de la voix, présentées par nos pneumoniques, sont de trois espèces : la bronchophonie, l'égophonie et la pectoriloquie.

La *bronchophonie*, s'enchaînant intimement avec la respiration bronchique, nous paraît néanmoins un signe beaucoup moins certain que cette dernière, parce que d'un côté il n'y a pas de limites bien marquées qui la séparent de l'égophonie et de la pectoriloquie, et que, de l'autre, on peut prendre pour de la bronchophonie une voix retentissante à l'état normal.

Nous dirons seulement que ce phénomène a été

perçu chez tous les individus qui ont présenté la respiration bronchique; mais souvent nous avons douté, si nous n'avions pas à faire à de l'égophonie.

Cette dernière modification de la voix a été manifestée dans quatre cas de pleuro-pneumonies (n.os 5, 9, 11, 12); dans les trois derniers elle existait à l'entrée des malades; dans un seul (n.° 5) elle a coïncidé avec la résolution de la pneumonie.

La pectoriloquie a été entendue dans les deux cas de suppuration du poumon (n.os 1 et 9).

Le phénomène connu sous le nom de bruit de *frottement ascendant* et *descendant*, s'est manifesté d'une manière remarquable sur un sujet atteint de pleuro-pneumonie (n.° 5), et dont l'autopsie a confirmé notre diagnostic. Nous donnerons cette observation entière.

Arrêtons-nous un instant à la fièvre, au pouls et aux autres phénomènes généraux. Neuf fois sur treize la maladie a débuté par un frisson violent, suivi de chaleur: ce frisson ne s'est point répété comme dans quelques pleurésies; il a manqué dans deux cas (n.os 8 et 9): nous ignorons s'il a eu lieu dans les n.os 12 et 7.

La sueur n'est survenue que dans un seul cas, quoique M. Andral ait trouvé que les sueurs étaient la crise la plus fréquente. Chez plusieurs de nos malades, et surtout chez les plus jeunes et les plus robustes, il survenait la nuit du délire, qui cessait vers le matin, et ne passait pas le deuxième ou le troisième jour. Nous ne parlons pas ici de deux cas où la pneumonie était compliquée ou plutôt produite par un état typhoïde (n.os 4 et 7), ni de celui où elle était accompagnée d'une méningite. Cette influence réciproque entre les affections du cerveau et du poumon est digne d'une attention toute particulière.

Le *pouls* a été fréquent dans les treize cas; plein et mou dans six (pneumonies simples); petit dans six (pleuro-pneumonies); plein et dur dans un cas (n.° 2, complication de méningite).

Nous n'avons presque jamais rencontré de mouvement critique; une seule fois (n.° 11) la maladie a paru être jugée par des sueurs copieuses : cet individu supporta très-bien le tartre stibié à doses très-élevées.

M. Aronssohn pense que, si les crises sont plus rarement observées de nos jours, et que, si les jours critiques offrent moins de fixité, cela tient non pas, comme on l'a avancé, à une erreur de la part des anciens, en général profonds observateurs; mais à l'énergie de nos méthodes de traitement, qui évitent à la nature le besoin de déployer ses forces médicatrices.

Presque toutes nos pneumonies ont présenté quelque complication; une seule en était entièrement exempte (n.° 13); il y en a même qui ont offert plusieurs complications à la fois. La bronchite a compliqué l'inflammation pulmonaire quatre fois; l'épanchement pleurétique autant de fois (n.os 5, 9, 11, 12); la méningite une fois; la dothinentérie deux fois, une dégénérescence des côtes une fois; des ulcères à la jambe une fois; une diarrhée séreuse une fois; l'œdème du poumon une fois. Quoiqu'on ne puisse guères concevoir de pneumonie sans bronchite, nous n'avons admis cette complication que dans quatre cas, où l'irritation des bronches était assez forte pour former un des principaux élémens de la maladie, et influer sur le mode de traitement. Nous en dirons autant des épanchemens pleurétiques, que nous n'avons regardés comme complication que quatre fois, bien que nous ayons avancé que la plupart des pneumonies étaient des pleuro-pneumonies. Mais dans les cas dont nous parlons, l'épanchement était assez abondant pour mériter une attention particulière. Peut-être nous reprochera-t-on aussi d'avoir admis comme complication les deux cas de dothinentérie, qui étaient évidemment la maladie principale; mais notre intention a été de rapprocher ces pneumonies typhoïdes des pneumonies franches, pour comparer leur marche.

Sur 13 pneumoniques, 8 ont complétement guéri; 5 sont morts : un par les progrès d'une dégénérescence lardacée des côtes (voir l'obs.); un autre (n.° 7), par la complication de la dothinentérie; le troisième aux suites d'une indigestion dans la période de convalescence; le quatrième, à une phthisie pulmonaire rapidement développée; une malade, enfin, sortie de l'hôpital, alla mourir en ville (n.° 4); elle était en outre atteinte d'une fièvre typhoïde.

Ainsi, sur 13 malades

guéris	8
morts de complications	3
— de maladies consécutives	2
— de la pneumonie seule	0
	13

Les altérations organiques, résultats de la pleuro-pneumonie et trouvées à l'autopsie, sont les suivantes :

Premier degré de l'inflammation seul, 1 fois (n.° 7, poumon gauche).

Le 3.e degré seul. . . . . 1 fois (n.° 7, poumon droit).

Les 1.er et 2.e degrés ensemble. . . 1 fois (n.° 5).

Les 3 degrés réunis. . . . . 1 fois (n.° 1).

Abcès du poumon. . . . . 1 fois (n.° 1).

Tubercules. 1 fois (n.° 9).

Abcès dans la plèvre. . . . . 1 fois (n.° 5).

Traitement. Nous regrettons de n'avoir pas un plus grand nombre de faits à notre disposition, pour établir des données positives sur le traitement à suivre dans la pneumonie. Il serait en effet important d'apprécier la valeur des émissions sanguines, générales et locales, tant en elles-mêmes, que suivant les époques où elles sont pratiquées, qu'en raison de la quantité de sang tiré, et d'après les remèdes qu'on combine avec elles. On comparerait leur action à celle des remèdes résolutifs et des contro-stimulans. Essayons toutefois d'appliquer ce mode d'appréciation aux moyens thérapeutiques qui ont été mis en usage; disons auparavant que deux seulement de nos malades avaient été traités avant leur entrée à la clinique : l'un (n.° 4) avait pris un vomitif; l'autre (n.° 13) avait été saigné. Dans ce dernier cas, la maladie très-légère était guérie au bout de 24 heures de séjour à l'hôpital.

Émissions sanguines. Elles furent employées six fois: deux fois en même temps que des remèdes peu énergiques. Le premier de ces cas est celui de la pleuro-pneumonie latente, qui a passé à la phthisie; le second, la femme (n.° 13) qui, entrée le soir avec une pneumonie bien caractérisée et existant depuis dix jours, fut saignée aussitôt et guérie le lendemain. Ce fait remarquable parle en faveur de la saignée et est en opposition avec l'assertion de M. Louis. Quatre fois les émissions sanguines furent combinées avec l'émétique (n.ºs 3, 4, 6, 10); de ces malades, un mourut du typhus, les trois autres guérirent. La durée moyenne de ces pneumonie, après l'entrée, fut de 6 jours. Trois fois l'émétique à haute dose fut administré seul, ou uni aux vésicatoires vers la fin de la maladie (n.ºs 5, 11, 12). Les trois malades guérirent, et la durée moyenne de la pneumonie, aussi depuis l'entrée, fut de 11 jours, ce qui est à peu près le double du cas précédent, et par conséquent à l'avantage du traitement combiné.

Dans les cas de guérison, la durée moyenne de la maladie avant l'entrée des malades avait été de 4 jours et demi. La durée moyenne de leur traitement a été de 7 jours; le séjour de ces malades à l'hôpital ayant été, terme moyen, de 18 jours, a dépassé de beaucoup celui de la durée du traitement : différence qui tient à ce que plusieurs individus se trouvaient déjà à l'hôpital pour d'autres maladies, ou ont prolongé leur séjour après la guérison de la pneumonie, retenus qu'ils étaient par les maladies consécutives suivantes :

1 ulcère à la jambe (n.° 10);
1 phthisie (n.° 9);
1 œdème du poumon (n.° 8).

Table de récapitulation pour les pneumonies.

Numéros d'ordre.	I.	II.	III.	IV.	V.	VI.	VII.	VIII.	IX.	X.	XI.	XII.	XIII.	Moyenne.
Age.	43	35	53	36	58	34	50	18	28	45	55	35	52	41
Durée de la douleur avant le traitement.	0	3	0	0	8	7	0	0	0	8	6	4	10	$3\frac{1}{3}$
Durée de la douleur depuis le traitement.	5	3	1	0	2	2	0	0	0	1	3	4	$\frac{2}{3}$	$1\frac{3}{4}$
Durée de la maladie avant le traitement.	0	3	0	8	8	7	21	0	0	8	6	4	10	6
Durée du traitement.	41	5	5	11	21	8	0	11	10	5	12	8	1	$10\frac{2}{3}$
Durée totale de la maladie.	41	8	5	19	29	15	21	11	10	13	18	12	11	$16\frac{1}{3}$
Durée du séjour.	57	16	15	12	21	14	0	31	31	5	32	15	6	$19\frac{1}{2}$

Histoires particulières de Pneumonies.

Observation I.re (n.° 1 du tableau).

Pleuro-pneumonie, terminée par un abscès du poumon. Dégénérescence lardacée des côtes. — Mort.

Charles Heller, âgé de quarante-trois ans, cordonnier, d'une constitution très-affaiblie, entré à l'hôpital le 9 Avril 1835, ressent depuis six mois une forte douleur, qui va toujours en augmentant et qui est fixée vers l'angle des premières côtes, au niveau du bord supérieur de l'omoplate de chaque côté.

Aujourd'hui cette douleur, tout en persistant aux endroits indiqués ci-dessus, s'irradie vers la nuque et vers la partie antérieure de la poitrine, augmente par les efforts de la respiration, de la toux, ou des autres mouvemens du thorax.

Point de symptômes de réaction; pouls subfréquent; toutes les fonctions en bon état. L'auscultation ne montre aucune lésion du poumon ou du cœur. On regarde, en conséquence, les douleurs du malade comme rhumatismales. (Vingt-cinq ventouses scarifiées sur les endroits douloureux, et une potion diaphorétique.)

Les jours suivans, alternatives d'exacerbation de la douleur et de mieux-être. (Poudres de Dower, bains, émétique à haute dose; ce dernier médicament produit dans la bouche et au gosier une éruption aphteuse très-douloureuse.)

Le seizième jour de son entrée, le malade est pris de toux, de douleur au côté droit avec expectoration muqueuse, sanguinolente et fièvre.

L'auscultation fait découvrir une respiration puérile dans le côté gauche, tandis qu'il y a, dans les ⅔ inférieurs du côté droit, du bruit respiratoire bronchique et sonoréité diminuée; ces symptômes, à l'exception de la douleur, persistèrent les jours suivans. Diagnostic : *Pneumonie du côté droit.*

Vingt-cinquième jour : l'angine et les ulcères à la bouche sont rebelles; ces derniers fournissent toujours un peu de sang, qui teint les matières de l'expectoration; symptômes pectoraux au même degré.

Trente-cinquième jour : le malade tousse toujours, il expectore une matière claire, spumeuse, pituiteuse, abondante; état fébrile continuel; amaigrissement considérable; sueurs nocturnes. Râle muqueux, très-sonore dans toute la poitrine; gargouillement à la base du côté droit, avec respiration bronchique, mêlée de bruit respiratoire naturel; bronchophonie, résonnance assez bonne dans toute la poitrine; la colonne vertébrale est presque entièrement raide, et douloureuse à la partie supérieure et latérale de sa portion thoracique. A la région correspondant à l'angle des troisième et quatrième côtes, des deux côtés, se trouvent deux tumeurs du volume du poing à leur base; légèrement saillantes, molles, un peu élastiques, dépressibles, et ne pouvant être déplacées. Ce n'est ni un anévrisme, ni une hernie du poumon; car elles ne présentent ni pulsation, ni sonoréité, ni bruit respiratoire; ce ne sont point des lipomes, à cause de leur adhérence et de leur forme; elles paraissent avoir leur siége profondément, dans la cage osseuse. (*Extr. hyosc.* gr. x, *pot. gumos.* ℥iv. m.)

Le lendemain de cette exploration, le malade est pris d'un point de côté à la partie inférieure droite du thorax; il expectore subitement une grande quantité d'un pus lié, crémeux. Cette expectoration continue toute la journée; le soir, le malade se trouve soulagé; le point de côté a disparu; il respire plus librement; l'auscultation fait reconnaître du *râle caverneux avec pectoriloquie* à la partie externe et inférieure du côté droit. Diagnostic : *Abcès du poumon.* (*Extr. hyosc.* gr. xij.)

A dater de cette époque, la fièvre lente ne quitte plus le malade; le marasme fait des progrès rapides; enfin le malade expire, le 6 Juin 1835, avec tous les symptômes d'une phthisie pulmonaire au dernier degré.

Autopsie quarante-huit heures après la mort.

Poitrine. Épanchement d'une sérosité assez abondante (dix onces environ) dans les deux plèvres. Sommet des deux poumons sain; à sa base, le poumon droit est enflammé dans toute l'étendue du lobe inférieur. Il présente tous les degrés de l'inflammation; mais principalement l'hépatisation grise avec infiltration purulente: en coupant le poumon par tranches, on découvre, dans l'épaisseur de son parenchyme, vers le côté externe, un petit abcès vide, formé au milieu du tissu enflammé, pouvant contenir une très-petite noix, à parois molles, sans induration dans les alentours. Le lobe inférieur du poumon gauche présente les mêmes altérations, à l'exception de l'abcès; dans les deux côtés l'inflammation apparaît diffuse, développée çà et là au milieu d'un tissus sain; ce qui nous explique cette respiration semi-bronchique et semi-vésiculaire que nous avons perçue dans les régions malades. Les poumons ne contenaient aucun tubercule.

L'altération la plus remarquable était celle des côtes. Les poumons enlevés, on découvrit, au niveau de la troisième côte, des deux côtés, deux tumeurs faisant saillie sous la plèvre, oblongues transversalement, ayant dans ce sens une longueur d'environ trois pouces, sur un et demi de large. La plèvre ayant été enlevée de l'une de ces tumeurs, et après en avoir excisé une portion, on vit qu'elles étaient de nature encéphaloïde, molles, jaunâtres, diffluentes dans certains endroits, présentant dans d'autres des débris osseux ou des réseaux vasculaires sanguins; la troisième côte gauche était complétement détruite, dans l'étendue d'environ deux pouces; les deuxième et quatrième côtes étaient saines.

Du côté droit, la tumeur présentait les mêmes caractères; mais elle empiétait sur deux côtes, qui étaient complétement détruites; les muscles profonds de la gouttière vertébrale participaient à cette altération. (La pièce est conservée au musée anatomique de la Faculté.)

Les autres organes ne présentèrent rien de remarquable.

L'expectoration purulente, la marche chronique de la maladie, le marasme qui est survenu, ont donné à cette maladie une grande ressemblance avec la phthisie pulmonaire. Cependant une analyse plus rigoureuse des symptômes, comparés aux résultats de l'auscultation, qui nous a fait découvrir la pectoriloquie vers la *base* du poumon, l'expectoration subite du pus, nous ont empêché de commettre cette erreur, et nous ont permis de diagnostiquer l'abcès du poumon, maladie très-rare. On conçoit que ce malade aurait pu recouvrer la santé, si outre l'affection du poumon il n'avait pas été atteint d'une altération organique incurable.

OBSERVATION II (n.° 2 du tableau).

Pneumonie du côté droit, compliquée de méningo-céphalite. Émétique à haute dose. — Guérison.

Chrétien Erhardt, âgé de trente-cinq ans, jardinier, bien constitué, entre à la clinique le 21 Avril 1835.

A la visite du matin, le malade est dans un état de stupeur qui rend l'examen difficile. On nous dit qu'il souffre dans le côté droit de la poitrine, et qu'il paraît se coucher de préférence sur ce côté. Toux pénible; expectoration rouillée, glutineuse, adhérant fortement au vase; la respiration ne paraît pas très-gênée; la base du côté droit présente une légère matité, dans les limites de laquelle on entend un râle crépitant bien marqué; dans le reste de la poitrine, le bruit respiratoire est normal. La tête est fortement prise; les idées perverties; les réponses incohérentes et difficiles; langue recouverte d'un enduit jaune; soif intense; ventre indolent et souple; peau moite; pouls plein, dur et fréquent. (*Tart. emet.* gr. x; *aq. dist.* ℥vj, m. à prendre en quatre fois à deux heures d'intervalle; vésicatoire sur la poitrine.) Tolérance parfaite du remède : le malade n'a ni vomissement ni diarrhée.

Le *lendemain* : respiration abdominale; toux plus forte; matité du côté droit, plus complète et plus étendue; râle crépitant remplacé par le souffle bronchique; la tête est plus prise; le malade ne répond à aucune question; pupilles dilatées; pouls lent; tête chaude; le malade y porte souvent les mains; celles-ci, insensibles à la douleur lorsqu'on les pince, conservent, ainsi que les bras, la position qu'on leur donne; grande agitation et efforts pour s'échapper du lit. (*Tart. emet.* gr. xv; *aq. distill.* ℥vj, m. à prendre en 4 doses.) Cet état dure toute la journée et toute la nuit. Il survient alors un vomissement et une selle, qui amènent un peu de calme.

Le troisième jour la tête est un peu plus libre; le malade n'y accuse aucune douleur; le point de côté a également cessé; râle crépitant de retour; toux moins forte; pouls lent, mais plein; chaleur normale; soif; point d'appétit; langue chargée. (*Calomel, sachar. alb.* ãã. gr. xij; *m. div. in quat. part.*; à prendre une poudre toutes les 3 heures; sinapismes aux mollets; deux selles après l'administration de la poudre purgative.)

Quatrième jour : la langue commence à se nettoyer; soif moindre; tête beaucoup plus libre; réponses précises; nuit tranquille. (Même remède que la veille.)

Cinquième jour : la respiration revient à son état normal; la sonoréité reparaît; l'expectoration est encore visqueuse; aucun symptôme ne se manifeste du côté de la tête; le pouls est lent. (Point de remèdes.)

Les jours suivans, l'expectoration est purement muqueuse; l'état du malade continue à s'améliorer; il reste une lassitude extrême; peu à peu la santé se rétablit, après une convalescence lente et pénible.

Il est à remarquer que, malgré la tolérance qui s'établit dès le premier jour du traitement, aucun amendement n'était survenu le lendemain; au contraire, les phénomènes morbides du côté de la poitrine et de la tête avaient pris de l'accroissement. Ainsi la matité était plus étendue et plus complète; le râle crépitant avait fait place aux signes de l'hépatisation; d'un autre côté, la stupeur avait dégénéré en un coma profond, qui n'était interrompu que par l'agitation et le délire. Fallait-il alors, vu le peu de succès obtenu par la médication commencée, avoir recours à une autre méthode? non, sans doute. L'usage des remèdes même les plus héroïques n'est pas toujours suivi d'une amélioration immédiate dans les symptômes; en effet, il est rare de pouvoir arrêter, dès le premier jour, la marche d'une maladie aiguë, et surtout d'une pneumonie. Il est donc d'une bonne pratique de ne pas accuser trop tôt l'impuissance d'un remède, et de donner à celui-ci le temps d'agir avant de le remplacer par un autre, tout en suivant avec soin la marche de la maladie. Aussi, loin de renoncer au tartre stibié, on en a augmenté la dose de moitié, vu l'exacerbation des symptômes, et nous avons eu à nous en féliciter, puisqu'une résolution prompte a suivi cette médication énergique.

Les phénomènes cérébraux qui ont compliqué cette pneumonie, ne doivent point être regardés comme purement sympathiques de celle-ci; sans doute il n'est pas rare de voir chez des individus jeunes et pléthoriques, surtout chez les femmes, survenir du délire pendant le redoublement de la fièvre qui accompagne l'inflammation du poumon: mais ce délire n'est pas continu; il a lieu le plus souvent alors durant la nuit et cesse vers le matin; les pupilles ne sont pas dilatées, et le pouls, au lieu d'être lent comme chez notre malade, est précipité. Chez ce dernier, le délire était donc *idiopathique*, c'est-à-dire qu'au lieu d'être l'effet de la *réaction* de l'inflammation du poumon sur l'encéphale, il provenait d'une lésion *directe* de cet organe, et cette lésion était probablement une méningo-céphalite, compliquant la pneumonie.

Observation III (n.° 5 du tableau).

Pleuro-pneumonie du côté gauche; bruit de frottement ascendant et descendant; abcès circonscrit de la plèvre. — Mort.

Pierre Gasgar, 58 ans, journalier, n'avait jamais été malade, lorsque le 1.er Mai dernier il fut pris d'un violent frisson, suivi d'une chaleur brûlante; en même temps il ressentit une forte douleur à la partie antérieure et inférieure gauche du thorax. Cette douleur persista les jours suivans, s'accompagna de toux et de crachats sanguinolens, et ce ne fut que huit jours après le début des premiers symptômes que le malade entra à l'hôpital.

A la visite du 8 Mai, cet homme se trouvait dans l'état suivant : douleur de côté assez forte, augmentant par la toux et par les mouvemens inspiratoires, décubitus sur les deux côtés indifféremment, crachats visqueux adhérens au vase, et d'une couleur rouge-jaunâtre; la poitrine percutée rend un son mat dans les trois quarts de son étendue du côté gauche, tant en avant qu'en arrière; à droite la sonoréité est normale.

Dans toute l'étendue de la matité le bruit respiratoire manque; il est remplacé par une respiration tubaire des plus fortes; bronchophonie, bruit de frottement ascendant et descendant isochrone aux mouvemens de la respiration. A droite on n'entend qu'un peu de râle crépitant vers la base du poumon. Le pouls est fréquent et dur; la peau sèche et chaude; langue jaune, soif, anorexie; selles réglées. C. *Tart. emet.* gr. vj. — *Infus. chamomill.* ℥ vj, à prendre en 4 fois, à 2 heures d'intervalle.)

Le malade eut sept selles et deux vomissemens.

A la *visite du lendemain*, la douleur du côté a disparu, la respiration est plus libre, l'expectoration présente les mêmes caractères qu'hier; un peu de râle crépitant commence à se mêler à la respiration tubaire : les autres symptômes sont les mêmes. (*Tart. emet.* gr. x.)

Le 10.ᵉ *jour*, la maladie a encore fait des progrès vers la résolution; la crépitation de retour est manifeste et abondante dans tout le côté gauche; à droite, la respiration est très-pure, l'état général du malade est très-satisfaisant. Malgré son âge avancé, il n'accuse aucune faiblesse; la peau est toujours chaude; il n'est point survenu de sueurs. (*Tart. emet.* gr. xij.)

A partir *du* 11.ᵉ *jour*, la maladie fait des progrès moins rapides vers la résolution; les signes fournis par le stéthoscope restent les mêmes; le malade prend graduellement jusqu'à 15 grains d'émétique (il a plusieurs selles par jour sans vomissement; son état général est très-bon).

Le 14.ᵉ *jour*, les crachats cessent d'être sanguinolens, et consistent dans un mucus spumeux; le son est moins mat dans le côté gauche; la respiration bronchique est peu prononcée en arrière; le râle crépitant y prédomine; en avant, il a fait place à une respiration puérile très-forte. (*Tart. emet.* gr. xx.)

Le 16.ᵉ *jour*, le malade ne veut plus prendre sa potion; il se plaint d'ardeur à la bouche, qui, de même que le gosier, ne présente rien d'anormal; déglutition difficile et douloureuse; pouls à 90. (*Emuls. amygd.* ℔ ij. *Syr. comm.* ℥ ij; Vésicatoire sur le côté gauche.)

Le 17.ᵉ *jour*, la voix bronchique a cessé de se faire entendre à la partie supérieure du poumon gauche, et est remplacée par un bruit respiratoire normal. Mais un nouveau phénomène est survenu; c'est une égophonie perceptible dans toute la partie moyenne et postérieure du côté gauche; le râle crépitant a disparu; langue blanche, chargée; crachats mucoso-puriformes.

Le 20.ᵉ *jour*, retour du râle crépitant, disparition de l'égophonie; son toujours mat, mais dans une moindre étendue; état général satisfaisant.

Le 22.ᵉ *jour*, le râle crépitant est perceptible même à la partie inférieure du côté gauche; apyrexie complète; toux un peu sèche, mais peu fréquente. Le vésicatoire s'étant desséché, la douleur du côté s'est réveillée de nouveau; crachats légèrement teints de sang. (Nouveau vésic.; *pot. gum.* ℥iv; *sulf. aur.* gr. vj : m.)

Le 24.ᵉ *jour*, l'expectoration est redevenue muqueuse et abondante. Nous apprenons que depuis deux jours le malade a ressenti l'après-midi, à trois heures, un frisson suivi de chaleur. Ce matin, le frisson s'est répété, et dans ce moment le pouls est fébrile, fréquent et élevé. Il ne se plaint ni de la poitrine ni de l'abdomen. (Même médication qu'hier.)

Le 25.ᵉ *jour*, à deux heures après-midi, accès complet et intense de fièvre intermittente. (*Pill. antifebril.* n.° 8.)

Le 26.ᵉ *jour*, à la même heure, chaleur sans frisson, suivie de sueur. (Même remède.)

Le 27.ᵉ *jour*, accès de fièvre avec frisson sans chaleur ni sueur : du reste, le malade se porte bien; il est levé toute la journée et a bon appétit. (Continuation du sulfate de quinine.)

Le 28.ᵉ *jour*, le malade, après s'être promené pendant

l'après-midi dans la cour, où à la dérobée il paraît avoir abondamment bu et mangé, remonta dans la salle à cinq heures du soir, et fut pris d'un violent frisson, auquel succèda, au bout d'une heure, une chaleur très-forte. A sept heures, il eut un vomissement; à onze heures survint du délire.

Le 29.ᵉ *jour*, à la visite, nous trouvons le malade à l'agonie, râlant très-fortement, poussant des gémissemens, couché sur le côté droit; ce qui permet d'explorer le côté gauche, et d'entendre un râle muqueux très-fort, mêlé de bruit respiratoire et perceptible dans toute l'étendue de ce côté. Une heure après il était mort.

Autopsie cadavérique 48 *heures après la mort.*

Adhérences celluleuses à la partie supérieure et postérieure du poumon droit, surtout très-fortes à la base, où il est fortement uni au diaphragme. Poumon droit sain dans toute sa partie supérieure; le lobe inférieur est humide, ramolli, infiltré d'une sérosité rouge, spumeuse.

Au côté gauche, plèvre pulmonaire paraissant très-épaisse, adhérant à la plèvre costale dans sa partie antérieure et surtout vers la partie postérieure et inférieure; là se trouve un abcès considérable, correspondant postérieurement à la dixième et onzième côte, antérieurement à la sixième et septième, et contenu entre la plèvre costale et la pulmonaire. Poumon enflammé, hépatisé dans quelques endroits, engoué dans sa presque-totalité, surnageant en grande partie; quelques morceaux plus durs gagnent le fond de l'eau.

Cœur sain; péricarde contenant une assez grande quantité d'un liquide séreux.

Rate considérablement gonflée, ayant le volume du

foie, ramollie, convertie en une membrane qui contient un tissu mou, diffluent, couleur lie de vin foncé, rougissant au contact de l'air, présentant huit pouces et demi de longueur sur six de large. Foie un peu augmenté de volume et très-friable; ganglions semi-lunaires sains; veine azygos distendue par le sang, ne contenant aucun autre liquide. En général, système veineux gorgé de sang.

Cerveau affaissé; liquide trouble assez abondant à la base du crâne.

La pleuro-pneumonie a existé ici avec tout son cortége de signes, et l'autopsie nous en a encore démontré les traces non équivoques; cependant, en comparant l'étendue que nous avons reconnue à cette maladie sur le vivant, aux faibles traces qui étaient restées sur le cadavre, et en se rappelant que le malade était déjà levé depuis plusieurs jours lorsqu'il commit l'imprudence dont nous avons parlé, il paraît plus probable que ce n'est point de la pleuro-pneumonie qu'il est mort.

Cette mort subite peut s'expliquer, en admettant qu'à la suite de cet écart de régime, commis à l'heure où devait venir son accès de fièvre, celle-ci a pris le caractère pernicieux et a rendu l'accès mortel : l'état dans lequel s'est trouvé la rate milite en faveur de cette opinion.

Nous ferons encore remarquer que, dans cette pneumonie, qui a offert plusieurs récrudescences, la résolution est survenue, malgré l'âge avancé du malade, sous l'influence du tartre stibié, employé à l'exclusion de tout autre médicament.

Observation IV (n.° 8 du tableau).

Pneumonie double, au premier degré. Œdème du poumon. — Guérison.

Louis Fridenhausen, garçon-tanneur, âgé de 18 ans, constitution grêle, tempérament lymphatique; entra à l'hôpital le 3 Juillet 1835. Se trouvant continuellement exposé à l'humidité, le malade a été pris, il y a dix-huit jours, de diarrhée sans coliques et d'une toux forte avec expectoration muqueuse; il survint une grande prostration, qui l'obligea de s'aliter. A l'exception de la diarrhée, aucun de ces symptômes ne s'était amendé. Aujourd'hui, toux avec expectoration muqueuse; respiration facile; aucune douleur à la poitrine; râle muqueux, sibilant, et sonore dans toute la poitrine, principalement à droite; sonoréité normale; ventre souple et indolent; selles encore liquides, mais peu fréquentes; langue molle et humide blanche au milieu, légèrement rouge sur les bords, peu de soif; appétit passable, pouls subfréquent, normal du reste; tintemens d'oreilles; chaleur naturelle de la peau; grande prostration des forces. Diagnostic : *fièvre catarrhale.* (Potion gommeuse.)

Le lendemain et les jours suivans, les symptômes ont disparu du côté du ventre; on voit persister les phénomènes d'une bronchite intense et un tintement d'oreilles fort incommode avec dureté de l'ouïe; pouls toujours fréquent, mais petit; parfois chaleur à la peau.

Le 8 Juillet. Oppression à la poitrine; toux plus intense; crachats visqueux, couleur de café au lait. Râle sibilant et muqueux, très-fort en avant des deux côtés; râle sous-crépitant en arrière et en bas des deux côtés. Diagnostic : *œdème du poumon compliquant la bronchite.* (*Pulv. aconit.* gr. vj. *pulv. liquirit.* gr. xij. Div. en 6 paquets, dont on donnera quatre par jour.)

Pendant quelques jours la maladie reste stationnaire; la toux reste toujours intense; le soir il y a une exacerbation fébrile.

Le 12. Crachats visqueux, légèrement striés de sang; toux forte; râle sous-crépitant, plus étendu, mêlé de râle crépitant sec. Diagnostic : *il s'est joint à l'œdème une pneumonie diffuse, mais l'œdème prédomine encore.* (Même médication que ci-dessus.)

Le lendemain, râle crépitant sec, très-étendu du côté droit, plus sibilant à gauche; crachats plus sanguinolens; aucune douleur à la poitrine. (*Pulv. herb. aconit.* gr. viij; *kerm. mineral* gr. iv. Div. en 6 paquets, à prendre dans la journée. Dix ventouses scarifiées.)

Du 13 au 19, la marche de la maladie est extrêmement inconstante et irrégulière. Un jour, crachats sanguinolens, oppression, râle crépitant, chaleur et fièvre, en un mot, tout l'appareil de la pneumonie. Le lendemain ou le surlendemain, cessation de tous ces phénomènes; crachats muqueux ou même aqueux, avec persistance seulement des signes de l'œdème du poumon, qui, peu de temps après, est de nouveau masqué par le retour des signes de la pneumonie : on soumet alors le malade à l'usage de l'oxide blanc d'antimoine, à la dose d'un demi-gros par jour, suspendu dans un looch.

Le 19. Expectoration très-glutineuse, moins rouillée;

toux fréquente; expectoration difficile; pouls élevé. (*Oxid. antimon.* ℈ij.)

Le 21. Figure plus animée; teint plus naturel, moins terreux; crachats encore visqueux, mais blancs; pouls subfréquent, un peu élevé. (*Oxid. antimon.* ʒ j.)

Les jours suivans, le mieux se continue; diminution de la toux et de l'expectoration, qui redevient tout-à-fait muqueuse; le pouls s'est ralenti; aucun phénomène sthétoscopique. (Même médication.)

Le 24. Le malade se lève pour la premiere fois, il ne tousse plus, ne crache point et est sans fièvre. (Même remède.)

Le 26. Convalescent. — Point de remèdes.

Le 4 Août, Fridenhausen sort de l'hôpital complétement guéri, quoique encore faible.

Nous avons donné l'histoire détaillée de cette maladie, à cause de la marche qu'elle a affectée. Nous la voyons se préparer lentement sous l'influence de causes débilitantes chez un sujet grêle et délicat; elle ne parcourt point ses périodes ordinaires; mais persiste pendant toute sa durée à l'état d'engouement, sans fièvre notable; avec cela point d'oppression, aucune douleur, expectoration tantôt sanguinolente, tantôt aqueuse, parfois râle muqueux, d'autres fois râle crépitant; le malade présente une figure pâle, œdématiée. Tous ces signes réunis font voir qu'ici l'élément inflammatoire n'était pas pur, et qu'un état œdémateux du poumon a compliqué la pneumonie.

OBSERVATION V (n.° 9 du tableau).

Pleuro-pneumonie latente, suivie d'une phthisie également latente ; marche rapide de la maladie. — Mort subite.

Jean Krausé, dit *Pepin*, âgé de 28 ans, garçon serrurier, malade depuis deux à trois mois, entré à la clinique le 5 Novembre, a présenté les symptômes suivans : toux sans douleur à la poitrine, expectoration abondante, diarrhée sans coliques, appétit normal ; aucun signe de maladie fourni ni par l'auscultation ni par la percussion ; les jours suivans la toux continue et devient plus fréquente, surtout pendant la nuit et dans la position horizontale ; la diarrhée disparaît et revient alternativement ; oppression de poitrine. (Potions gommeuses avec eau de laurier-cerise ou laudanum.)

Le 10, huit ventouses sur le bas-ventre ; vésicatoire au côté gauche.

Le 14, l'exploration réitérée de la poitrine donne un son mat dans presque tout le côté gauche ; en avant respiration bronchique, en arrière égophonie, en haut crépitation ; du côté opposé respiration puérile. Diagnostic : *pleuropneumonie du côté gauche.* (Looch blanc ℥iv, avec oxide blanc d'antimoine ʒß ; saignée.)

Du 14 au 24, pendant quelques jours mouvement fébrile, le pouls à 100 pulsations ; puis légère amélioration dans l'état du malade ; diminution de la matité du côté gauche, disparition du souffle bronchique.

Le 24, nouvelle exploration : son mat sous la clavicule gauche vers le sternum ; plus en dehors bruit de pot fêlé, respiration caverneuse, pectoriloquie, plus bas gargouillement simulant le râle crépitant, se faisant entendre dans toute la moitié supérieure de ce côté, qui présente dans la même étendue une matité notable ; plus bas matité complète. Diagnostic : *phthisie pulmonaire avec cavernes.* (Potion gom., ℥iv ; acétate de plomb, gr. ij ; sirop d'opium, ℥ j.)

Du 24 au 30, état stationnaire du malade, toux, diarrhée, pouls petit et irrégulier.

Du 1.er au 5 Décembre, sueurs nocturnes, toux plus fréquente, oppression ; le malade est levé toute la journée : dans la nuit du 5 au 6, mal-aise, agitation, dyspnée très-forte ; elle continue encore à la visite du matin ; le malade peut à peine parler ; encore dans la même matinée mort par suffocation.

Autopsie, 72 heures après la mort.

Thorax : épanchement considérable d'une sérosité brunâtre du côté gauche ; péricarde contenant quelques onces de sérosité ; poumon gauche, refoulé vers le médiastin, et recouvert dans sa totalité d'une fausse membrane très-épaisse et farcie à son sommet de tubercules granulés, présentant à sa partie inférieure une hépatisation grise ; cet organe ayant été déchiré à la sortie de la cavité pleurétique, on n'a pu constater l'étendue de la caverne. Tubercules moins nombreux et disséminés au sommet du poumon droit, qui est le siége d'une infiltration tuberculeuse. Bronches, des deux côtés larges et leur muqueuse injectée. *Foie :* d'un aspect et d'une consistance graisseuse, augmenté de volume.

Lorsque ce malade est entré à l'hôpital, il toussait depuis deux à trois mois, mais n'avait pas été autrement incommodé. L'exploration de la poitrine, faite soigneusement le jour de son entrée, ne fournit que des signes négatifs; tout à coup, le 7.e jour après son entrée, nous remarquâmes que le malade avait beaucoup de dyspnée sans s'en apercevoir; nous répétâmes l'exploration de la poitrine, et tous les signes d'une pleuro-pneumonie très-étendue se présentèrent. Cette dernière semblait être résolue en grande partie, lorsque nous découvrîmes les signes non équivoques d'une phthisie pulmonaire très-avancée. Ainsi, en moins de quinze jours se sont développées successivement deux maladies très-graves, qui ont envahi la totalité du poumon d'un côté, sans que, ni dans l'un ni dans l'autre cas, ne fussent survenus ni douleur, ni frisson notable, ni oppression, et sans que le malade eût besoin de garder le lit.

Quel médecin eût pu s'attendre à trouver sur le cadavre le désordre que nous avons constaté, si, se confiant dans les symptômes, il avait négligé l'exploration physique?

Observation VI (n.° 13 du tableau).

Pneumonie au premier degré, jugulée par deux saignées.

Frédérique Bleyel, 52 ans, entrée à l'hôpital le 24 Novembre.

Cette malade tousse depuis quelque temps; il y a dix jours, elle ressentit un point de côté à la base et à gauche du thorax, avec frisson suivi de chaleur; plus tard la douleur pleurétique avait passé de gauche à droite : une saignée générale avait été faite la veille en ville; une autre saignée fut pratiquée par le chirurgien de garde, à l'entrée de la malade à la clinique, et produisit un grand soulagement.

Le 25, à la visite du matin, le point de côté et le râle crépitant, qu'on entendait hier, ont disparu; le bruit respiratoire s'entend de nouveau; il reste encore un peu d'oppression; pouls petit, concentré, accéléré. (Pót gomm. ℥ iv; kermès gr. iij; eau de laur. cerise ʒ j.)

Du 26 au 29, la dyspnée persiste encore à un léger degré, la douleur pleurétique reparaît par intervalles, mais est peu intense : toux, expectoration abondante et facile.

Le 30, la femme Bleyel sort guérie.

Entrée à l'hôpital le soir, la malade fut explorée et présentait un râle crépitant manifeste; le lendemain presque tous les symptômes avaient disparu, *la maladie était jugulée.*

La jugulation des maladies inflammatoires par des saignées, n'est pas chose facile, dit M. Aronssohn; la nature ne cède pas ses droits aussi aisément que le pense M. Bouillaud; le plus souvent la maladie parcourt ses phases malgré les traitemens les plus énergiques, et si on s'obstine à saigner, on court grand risque de juguler plutôt les *malades* que la maladie. Cependant il ne faut pas aller aussi loin que M. Louis, et assigner avec ce médecin une influence aussi douteuse à la saignée dans les pneumonies : une de nos observations prouve évidemment que quelquefois on peut arrêter subitement le cours de la maladie par ce moyen. Il s'agit donc de préciser autant que possible les circonstances où la chose est possible; or, voici quels sont les cas où, selon M. Aronssohn, on peut espérer la jugulation :

1.° Dans les phlegmasies *franches* des viscères, on peut hardiment avoir recours à la saignée, sans avoir à craindre des suites fâcheuses; mais si la maladie a une marche insidieuse, si elle survient chez les vieillards, si elle présente le caractère typhoïde, il faut être très-sobre de ce moyen, qui peut devenir dangereux;

2.° Dans l'inflammation des tissus simples, des séreuses par exemple; la phlogose peut être arrêtée subitement par la saignée;

3.° Enfin, dans les cas où la maladie dure depuis peu, ou est encore à son début, par exemple, dans le premier degré de la pneumonie; dans ces cas, l'organe n'a pas encore subi ces transformations profondes qui combinent, pour ainsi dire, le sang avec l'intimité des tissus; l'inflammation tient encore de la congestion et peut être jugulée par la saignée.

Observation VII (n.° 11 du tableau).

Pleuro-pneumonie du côté droit; tartre stibié. — Guérison.

Un batelier âgé de 35 ans, d'une constitution robuste, d'un tempérament sanguin, ayant été exposé à une pluie pénétrante sans pouvoir changer d'habits, ressentit tout à coup un frisson violent, suivi d'une forte chaleur, en même temps éclata une douleur très-intense sous le mamelon droit, avec oppression et toux; le troisième jour, crachement d'un sang rutilant, pur d'abord, mêlé ensuite à des mucosités. Il entra à l'hôpital le sixième jour de la maladie (10 Novembre, au soir), et nous constatâmes l'état suivant : douleur de côté beaucoup moins forte qu'au début, toux fréquente, expectoration sanguinolente intimement mêlée aux mucosités (rouillée), visqueuse, très-adhérente au fond du vase; matité dans les deux tiers inférieurs du côté droit, respiration bronchique et bronchophonie correspondant à la matité; légère égophonie à l'angle inférieur de l'omoplate; absence de la vibration thoracique dans le côté affecté; pouls plein, fréquent; peau chaude; soif, langue muqueuse; constipation de plusieurs jours.

Diagnostic : *pleuro-pneumonie étendue aux deux tiers inférieurs* du côté droit. *Prescription :* tart. émétiq. gr. x; eau, une livre, à boire par verrées (dans le but de purger le malade sans le faire vomir) : plusieurs selles, aucun vomissement.

Le lendemain, le malade était à peu près dans le même état, cependant oppression et toux moindres; on prescrit : *tart. emet.* gr. x; *inf. fol. aurant.* ℥ viij syr. ℥ j. Tolérance complète, sueurs copieuses durant toute la journée.

Le troisième jour de l'entrée, sueurs copieuses; les douleurs ont entièrement disparu; toux moindre; crachats glutineux encore sanguinolens; pouls développé, subfréquent. Diminution notable de la matité; râle crépitant de retour à la partie supérieure. (Même prescription; même tolérance.)

Le quatrième jour, apyrexie complète, crachats purement muqueux; toux légère, oppression nulle; retour de la douleur : vésicatoires sur le côté gauche du thorax. (Potion gommeuse.)

Sixième jour. La toux persiste toujours; l'expectoration est facile, muqueuse, visqueuse; le malade éprouve encore quelquefois de l'oppression; dans le côté affecté, il existe toujours une légère matité et de la crépitation;

nausées; langue chargée; constipation; céphalée frontale (*tart. emet.* gr ij; *aq. dist.* ℥iv, une cuillerée de quart d'heure en quart d'heure). Plusieurs vomissemens bilieux.

Septième jour. Retour de l'appétit et des forces; disparition de la céphalée et des nausées; diminution des symptômes pectoraux (point de remèdes).

Dixième jour. Disparition de la toux, de l'expectoration, du râle crépitant, de la matité; le malade est convalescent.

Pendant le cours de la convalescence, il est pris d'une fièvre intermittente qui prolonge son séjour à l'hôpital, d'où il sort enfin entièrement rétabli.

Nous rapportons cette observation, parce qu'elle milite en faveur du tartre stibié, qui, sans le secours de la saignée, a amené une résolution assez prompte d'une pleuro-pneumonie très-étendue sur un homme éminemment sanguin. M. Aronssohn a pensé que, pour favoriser la tolérance, il était utile de commencer par purger le malade, ce qui a eu lieu au moyen même du tartre stibié. Dans le cours de la clinique, M. Aronssohn a insisté à plusieurs reprises sur ce fait, qu'avec le même agent thérapeutique, on pouvait produire des effets bien différens, souvent même opposés. Ainsi, pour ne citer que le tartre stibié, on remarquera dans l'observation qu'on vient de lire, qu'au moyen de l'émétique on est successivement parvenu à obtenir la purgation, le vomissement et la tolérance; dans le premier cas, en employant une dose de remède assez considérable, mais délayée dans beaucoup de liquide; dans le second, en prescrivant une petite quantité de remèdes avec peu de véhicule, et en rapprochant les doses;

enfin, dans le troisième cas, en concentrant une grande quantité de la substance médicamenteuse dans une petite quantité de véhicule. Le même raisonnement s'applique à d'autres remèdes, tels que les mercuriaux, etc., et on peut, avec le calomel, produire à volonté, ou la purgation, ou la salivation, ou obtenir la résolution d'une maladie, sans qu'aucun de ces effets ait lieu. L'action des remèdes dépend donc autant de la manière de les doser, que de leurs propriétés inhérentes; et c'est l'art de produire ces divers effets qui constitue le vrai thérapeutiste.

(Voyez, pour les autres cas de pneumonie, le tableau synoptique de ces maladies.)

EMPHYSÈME DU POUMON.

Si nous voulions compter dans cet exposé les maladies qui nous ont offert d'une manière plus ou moins marquée les signes de cette affection, nous en présenterions un grand nombre; mais comme beaucoup d'entre elles ne se sont montrées que comme complication plus ou moins légère de catarrhes chroniques ou de maladies de cœur, et que d'un autre côté plusieurs médecins refusent à l'emphysème le nom de maladie, nous ne parlons que de cinq cas, où cette affection était assez developpée pour former la maladie principale, et pour présenter, soit sur le vivant, soit sur le cadavre, des signes assez prononcés pour qu'il ne fût pas permis de la méconnaître.

Le plus jeune de ces malades avait 26 ans, les quatre autres de 55 à 58 au moment de leur entrée à l'hôpital; la maladie (si nous comptons à dater de la dyspnée) durait de 6 mois à 6 ans. Les maladies qui avaient précédé l'emphysème, et qui, ici surtout, ont dû fixer notre attention en raison du rapport de causalité qui existe entre elles et cette affection, étaient *dans tous les cas* une toux plus ou moins ancienne et opiniâtre, qui avait fini par amener la dyspnée : l'un des malades accusait pour cause occasionelle une habitation humide; un autre, un effort fait pour soulever un fardeau.

Des cinq cas aucun n'était exempt de complications; l'un (n.° 1) était compliqué de péricardite et d'engorgement de foie, un autre de phthisie tuberculeuse, un troisième d'induration squirrheuse du foie, un quatrième de gastrite, et le cinquième, enfin, d'hypertrophie du cœur et d'épanchement pleurétique (n.° 5). Toutes ces complications étaient postérieures à l'emphysème, plusieurs d'entre elles paraissaient en être la conséquence, comme on peut le voir en suivant sur le tableau l'ordre de succession des phénomènes morbides.

La *dyspnée*, phénomène essentiel de la maladie, a été variable : dans trois cas elle était habituellement forte; dans deux elle présentait des accès d'orthopnée extrême.

La *toux* n'a été intense que dans un seul cas (n.° 4), dans les quatres autres, où la maladie était beaucoup plus étendue, elle était peu fréquente.

L'*expectoration* ne nous a pas montré des caractères constans; les crachats perlés n'ont été observés que deux fois; chez les autres elle était habituellement muqueuse, parfois striée de sang.

La *mensuration* du thorax, si intéressante dans l'emphysème, n'a été sans résultat que dans un seul cas (n.° 4), où cette maladie n'était pas trop développée. Chez les quatre autres la dilatation de la poitrine était deux fois générale et deux fois partielle. Chez les deux premiers (n.os 1 et 2) le thorax présentait cette forme *globuleuse*, bombée, telle que l'a décrite Laennec; chez les deux autres (n.os 3 et 5) nous avons observé ces *voussures partielles*, cette saillie sus-claviculaire reconnues par M. Louis : chez un seul de nos malades ces difformités ont fini par disparaître avec les autres signes de l'emphysème (n.° 5).

La *grande sonoréité* du thorax dans l'emphysème, la grande *élasticité* obtenue par le doigt qui percute, sont connues; nous les avons observées chez tous nos malades, mais en outre nous avons cru nous apercevoir que cette sonoréité était susceptible de présenter des variations sur le même individu.

L'*absence du bruit respiratoire* dans les endroits les plus sonores de la poitrine, exige un grand développement de la maladie; cette absence totale n'a été constatée que dans un seul cas (n.° 1); les quatre autres présentèrent seulement un bruit respiratoire très-obscur.

Les râles pathognomiques de l'emphysème sont de deux espèces : le râle sibilant et le râle crépitant : le premier indique un état moins avancé que le second et le précède ordinairement; le second s'est fait entendre dans les points les plus sonores et par conséquent les plus emphysémateux. Le râle sibilant a existé dans tous les cas; le râle crépitant dans quatre seulement, et était par conséquent toujours mêlé au premier.

Outre les signes dont nous venons de parler, et qui appartiennent en propre à l'emphysème, nous en avons recueilli d'autres, qui appartiennent aux affections du cœur, dont cette maladie était compliquée chez deux sujets. Chez l'un (n.° 1), la *péricardite* s'était manifestée par la douleur, l'étendue de la matité précordiale, le bruit de frottement qui accompagnait les mouvemens du cœur, et l'éloignement dans lequel semblaient se passer ces mouvemens (voyez l'observation); chez l'autre (n.° 5), l'étendue de la matité, le choc violent du cœur, annonçaient évidemment l'hypertrophie de cet organe.[1]

---

1 L'autopsie qui vient d'être faite de ce sujet a parfaitement confirmé notre diagnostic.

On dit avec raison que l'emphysème du poumon guérit très-rarement; cependant il est susceptible de diminution, comme le prouvent nos observations. Aucun malade n'est mort directement de cette maladie; deux ont succombé : l'un à la suite de la phthisie, l'autre par le progrès d'une maladie du foie; deux sont sortis considérablement soulagés, et chez l'un d'eux (n.° 4) la maladie avait sensiblement diminué, comme on peut s'en convaincre en parcourant le tableau; enfin, le cinquième est resté en traitement, et chez lui il y a eu également diminution de l'emphysème (n.° 5). Nous donnons ci-après nos observations les plus remarquables, soit sous le rapport des symptômes, soit par leur résultat cadavérique.

Observations particulières.

Observation I.re (n.° 1 du tableau).

Emphysème général des deux poumons. — Péricardite. — Engorgement du foie. — Guérison de la péricardite.

Richard, âgé de 26 ans, constitution faible, tempérament lymphatique, entré à l'hôpital le 11 Juillet 1835, fut couché au lit n.° 18. Pendant son enfance il avait été atteint, à différentes reprises, de coqueluche, qui laissa à sa suite une dyspnée qui elle-même disparut au bout de quelques mois. A l'âge de 20 ans il fut pris d'une toux opiniâtre et fatigante, qui dura sept mois et fut suivie d'une dyspnée toujours croissante. Depuis trois ans se sont fait sentir des palpitations de cœur, dont l'apparition coïncide avec une dyspnée plus considérable encore; dès ce moment le malade a toujours traîné une existence pénible, sous le poids d'une oppression habituelle, exaspérée par le moindre mouvement; ses pieds ont souvent été œdématiés.

Aujourd'hui, face légèrement bouffie; lèvres violettes; dyspnée considérable; respiration courte, haute, sifflante, très-prompte; toux forte, fréquente; expectoration muqueuse; décubitus sur le côté gauche ou sur le dos, difficile sur le côté droit : souvent orthopnée; *légère* douleur à la région précordiale. La poitrine a une forme bombée, cylindrique, comme globuleuse: elle rend presque partout un son tympanitique, surtout à la partie antérieure. A la partie antérieure et supérieure le bruit respiratoire est très-sibilant, obscur, sans expansion vésiculaire. Dans toute la moitié inférieure du thorax, râle crépitant sec, à bulles inégales assez grosses. La partie supérieure et postérieure des deux poumons présente seule le bruit respiratoire naturel. Le tintement de la voix est normal. La région précordiale présente une matité plus étendue qu'à l'état normal. Les battemens du cœur s'accompagnent d'un bruit de frottement qui masque les deux bruits normaux de cet organe. Ce phénomène est limité, s'affaiblit et disparaît pour peu qu'on s'éloigne de la région du cœur. Le choc de cet organe n'est presque pas perceptible; son rythme est normal, sauf une légère intermittence dans les battemens. Les artères ne présentent ni bruits ni chocs anormaux. Le pouls est petit, subfréquent et réfléchit les intermittences des battemens du cœur. Les veines jugulaires ne présentent point de pulsation; l'œdème des jambes s'est dissipé depuis deux jours; la sécrétion urinaire n'est point diminuée; les fonctions digestives ne sont point troublées; le ventre est indolent et souple, mais l'hypocondre droit présente une matité trop étendue; le foie, engorgé, dépasse le niveau des fausses-côtes; mais aucun phénomène morbide ne se présente de ce côté.

Diagnostic : *emphysème général et interlobulaire des deux côtés; péricardite avec épanchement médiocre et formation de fausses membranes; engorgement du foie : résultat de la gêne de la circulation.* (Prescriptions : 8 sangsues à l'anus; vésicatoire sur le côté gauche; potion gommeuse kermétisée.)

Les jours suivans l'expectoration devient plus abondante, la dyspnée diminue, la douleur précordiale disparaît, la matité de cette région persiste au même degré, ainsi que le bruit de frottement.

Le sixième jour de l'entrée, les phénomènes morbides, après avoir persisté au même degré, ont encore diminué; les battemens du cœur sont devenus normaux, le bruit de frottement a disparu, ainsi que la matité anormale; *la péricardite est guérie.* Le malade se sent beaucoup soulagé, l'expectoration est très-abondante; l'oppression, peu forte habituellement, augmente encore par intervalles; l'auscultation et la percussion annoncent que l'emphysème est toujours au même degré. On soumet le malade à l'usage du carbonate d'ammoniaque, à la dose de ʒij par jour; on augmente successivement cette dose jusqu'à celle de six gros; de temps en temps on applique sur la poitrine des ventouses scarifiées ou des sangsues à l'anus, pour dégorger les vaisseaux abdominaux : on administre des bains de vapeur pour activer la peau. Sous l'influence de ces moyens, l'état du malade, qui, lors de son entrée à l'hôpital était très-alarmant, s'améliore successivement; la lividité de la face disparaît, la respiration devient plus libre, et le malade quitte l'hôpital le 17 Août 1835, dans un état très-satisfaisant, quoique présentant encore les signes de l'emphysème, et ressentant toujours de la dyspnée et des palpitations.

C'était tout ce que nous espérions et pouvions obtenir.

Nous voyons ici la filiation ordinaire de l'emphysème du poumon : d'abord disposition à cette maladie par suite d'une ancienne coqueluche; ensuite toux chronique sèche, amenant peu à peu la dyspnée et la dilatation des vésicules; puis, comme conséquence de cette dernière affection, la stase sanguine dans le système veineux, les palpitations de cœur, la lividité de la face, l'engorgement du foie et l'œdème des pieds. Sur cette maladie chronique est venue s'enter une péricardite manifeste, qui a occasioné une augmentation dans les symptômes et forcé le malade à venir réclamer des secours à l'hôpital, qu'il a pu quitter aussitôt que cette dernière affection avait disparu.

Deux indications se sont présentées : combattre directement la péricardite par des émissions sanguines et des révulsifs, et provoquer dans la muqueuse pulmonaire épaissie une sécrétion capable de la dégorger et de rendre plus facile le passage de l'air dans les vésicules. Ce but a été atteint, comme on a pu le voir. Quelque intense qu'ait été la péricardite, l'état général du malade nous a forcé d'être très-sobre d'émissions sanguines.

L'engorgement visible du foie, la gêne de la circulation abdominale, le gonflement du ventre, ont décidé M. Aronssohn, à faire appliquer des sangsues à l'anus.

Observation II (n.° 2 du tableau).

Emphysème partiel du poumon. — Phthisie pulmonaire. — Mort.

Fréderic Bosch, âgé de 50 ans, constitution détériorée, entra à l'hôpital le 19 Juillet 1835, et fut couché au lit n.° 31.

Nous apprenons qu'il y a six ans, le malade fut atteint d'une toux sèche, à laquelle se joignit, un an plus tard, un accès d'hémoptysie. Depuis trois ans est survenue une oppression toujours croissante, et il y a huit semaines, une diarrhée, qui dure encore. — Aujourd'hui, toux forte surtout le matin, expectoration muqueuse, aucune douleur à la poitrine, décubitus difficile sur le côté droit, à cause de la dyspnée, qui est plus grande dans cette position; poitrine arrondie, bombée, rendant généralement, mais surtout à la partie antérieure, un son plus clair qu'à l'état normal; râle crépitant sec, mêlé de râle sibilant en avant des deux côtés et en arrière du côté gauche; partout ailleurs on entend le bruit respiratoire vésiculaire; cœur à l'état normal, pouls petit subfréquent, diarrhée très-forte et très-rebelle, avec ténesme et coliques, soif intense, appétit nul, urine rare; œdème des extrémités inférieures depuis sept semaines.

Diagnostic: *Emphysème du poumon; entérite chronique.* Prescription: deux lavemens de graine de lin laudanisés, décoction de riz gommée pour boisson.

Pendant plusieurs jours, persistance des mêmes symptômes, diarrhée plus ou moins abondante, impossible à arrêter.

Le sixième jour de son entrée, augmentation de la

toux, expectoration évidemment purulente, point de changemens dans les signes stéthoscopiques, fièvre très-forte, diminution de la diarrhée (potion gommeuse nitrée). Pendant plusieurs jours cet état d'éréthisme persiste, ensuite la diarrhée augmente de nouveau et avec elle la prostration.

L'expectoration devient de plus en plus suspecte, des sueurs nocturnes surviennent, et bientôt nous ne pouvons plus méconnaître la phthisie pulmonaire. Cependant, malgré l'exploration la plus minutieuse, nous ne pouvons en découvrir les signes physiques. L'amaigrissement fait des progrès rapides; il dégénère bientôt en marasme, et la diarrhée, qu'aucun moyen ne parvient à arrêter, épuise les dernières forces du malade, qui succombe enfin le 7 Août 1835, 18 jours après son entrée.

Ouverture du cadavre, 24 *heures après la mort.*

Thorax. Poumon droit, légèrement adhérent à la plèvre costale, présentant à sa surface antérieure et moyenne une foule de vésicules emphysémateuses, saillantes à cette surface; l'une d'elles présente une dilatation remarquable et égale au volume d'un gros pois. Le sommet du même poumon présente une petite vomique, à sa partie toute supérieure, entourée d'un tissu crépitant et de *quelques tubercules.* — Poumon gauche, très-adhérent à la plèvre, engoué dans sa portion supérieure. A sa partie postérieure se présentent également quelques vésicules emphysémateuses, mais moins remarquables que celles de l'autre poumon.

Cœur sain. — Canal intestinal à l'état normal.

Cette observation est intéressante sous plusieurs rapports. D'abord, c'est une affection tuberculeuse extrêmement limitée, ne se trahissant sur le cadavre que par une vomique très-petite. Ce fait semblerait confirmer l'opinion remarquable de M. RAMADGE, médecin anglais, qui croit que l'emphysème s'oppose au développement des tubercules, et fonde sur cet état du poumon la possibilité de guérir la phthisie. Contentons-nous pour le moment d'avoir signalé ce rapprochement, et attendons de nouveaux faits.

Les symptômes généraux et locaux qu'a présentés notre malade, nous ont amené à conclure qu'il y avait phthisie pulmonaire; pourquoi, par l'exploration la plus soigneuse, n'avons-nous pu découvrir la vomique par l'auscultation? Cela tient sans doute à son peu d'étendue, à sa situation à la partie toute supérieure du poumon, et surtout à ce qu'entourée d'un tissu pulmonaire sain et mou, la vibration de la voix qui y retentissait n'a pu être transmise à travers les parois thoraciques. Cette cause d'erreur a déjà été signalée par LAENNEC.

L'inflammation chronique du tube digestif semblait ne pas pouvoir être mise en doute; la diarrhée rebelle à tous les moyens, les nausées, les coliques devaient même faire supposer une altération profonde du canal intestinal, et pourtant, hâtons-nous de l'avouer, aucune trace d'inflammation et d'ulcération ne put être trouvée à l'autopsie, tant il est vrai que les symptômes qui semblent les plus positifs, peuvent encore être trompeurs, et qu'un cortége de phénomènes peut exister sans lésion appréciable, comme des altérations profondes peuvent ne se trahir par aucun signe.

Observation III (n.° 3 du tableau).

Emphysème partiel des deux poumons. — Induration du foie. — Mort subite.

David Heiligenmeyer, âgé de cinquante-cinq ans, de la maison de refuge; constitution bonne, tempérament bilieux; entré à l'hôpital le 23 Juillet 1835, fut couché au lit n.° 29. Il y a dix-huit mois que le malade est affecté d'une toux sèche, et depuis un an à peu près il éprouve de l'oppression. Aujourd'hui : toux petite, sèche, augmentant surtout par le temps humide; crachats peu abondans, amenés difficilement, *perlés;* décubitus possible sur les deux côtés. Aucune douleur à la poitrine; sonoréité augmentée à la partie inférieure et postérieure du côté gauche; partout ailleurs normale. L'auscultation fait percevoir un râle crépitant, à bulles fines dans tout le poumon droit en avant, et dans celui du côté gauche en arrière, principalement vers la base de ce dernier; râle sibilant, très-fort dans différens points de la poitrine, qui présente en arrière et à gauche une voussure remarquable; cœur à l'état normal; outre cela, le malade est affecté de diarrhée, l'abdomen est empâté, les viscères difficiles à explorer; léger œdème des extrémités inférieures. Pouls normal, teint jaunâtre. On inscrit sur la feuille du diagnostic : *catarrhe sec*, *emphysème vésiculaire des deux poumons*, *engorgement du foie.* On prescrit : potion gomm. ℥ iv; laud. liq. Syd. gtt. vj. Tisane de riz.

Les jours suivans, l'affection du foie devient plus patente; douleur à l'hypocondre droit; ventre plus tendu; suppression de la diarrhée; teint plus jaunâtre.

(Ventouses scarifiées, n.° xx, sur le côté droit; potion gomm.)

A la suite de cette médication, la douleur de l'hypocondre diminue un peu; les symptômes du côté de la poitrine restent à peu près les mêmes; alternatives de diarrhée et de constipation; prostration. Le 9 Août, seize jours après l'entrée à l'hôpital, le malade fut pris tout à coup d'un frisson violent, et mourut subitement.

Autopsie: cinquante heures après la mort.

Poumons emphysémateux à un haut degré; vésicules formant par leur développement des reliefs et des saillies considérables : cette altération est surtout remarquable à la partie postérieure et inférieure du poumon gauche, où les cellules dilatées forment des grappes nombreuses. Foie endurci, hypertrophié; lobe droit converti en une substance jaune, squirro-tuberculeuse, criant sous le scalpel; le cœur et les autres viscères sont à l'état normal.

Cette observation nous a paru remarquable par l'obscurité qui enveloppe la cause prochaine de la mort subite de ce malade, qui était levé jusqu'au dernier jour. L'autopsie cadavérique, quoique faite avec beaucoup de soin, ne nous a fourni aucun éclaircissement à cet égard.

MALADIES DU SYSTÈME CIRCULATOIRE.

Ces maladies sont au nombre de huit. Il a déjà été question de l'une d'elles en parlant des pleurésies (n.° 2). Nous avons décrit aussi un cas de péricardite compliquant l'emphysème (n.° 1). Nous donnerons ici l'histoire détaillée des autres faits.

Observation N.° I.

Péricardite avec épanchement considérable. — Œdème du poumon; hydro-thorax. — Mort.

Pierre Richard, 45 ans, constitution affaiblie, cordonnier, entré à l'hôpital le 25 Juillet 1835, fut couché au lit n.° 24.

Il y a un mois il fut pris d'une toux catarrhale, à laquelle s'est joint, il y a huit jours, une douleur au côté gauche du thorax; il n'a jamais eu de rhumatismes. Aujourd'hui la douleur qui avait existé à la région précordiale a disparu; il reste une toux sèche avec expectoration séreuse, oppression *très-légère*, décubitus possible dans toutes les positions; soif, appétit bon; fonctions digestives à l'état normal, point d'œdème, pouls petit, faible, fréquent; son de la poitrine, normal dans le côté droit, *matité étendue* à la région précordiale; bruit respiratoire, normal dans le côté droit, légèrement obscurci dans le côté gauche; battemens du cœur, réguliers, accompagnés d'un *bruit de frottement*, qui masque les deux *bruits* du cœur et présente diverses modifications, selon les endroits de la région précordiale où on l'ausculte: à gauche il est rude, saccadé, clair, et se rapproche du bruit de râpe; à droite, au contraire, il a quelque chose de plus doux, de moins vibrant et ressemble au froissement du parchemin. Les artères n'offrent aucun bruit anormal; la mensuration de la poitrine n'offre rien à noter.

Diagnostic : *péricardite avec épanchement peu abondant et formation de fausses membranes.*

La débilité et la prostration du malade, la petitesse et la faiblesse du pouls, ne permettent plus la saignée: on prescrit une potion gommeuse; vésicatoire sur la région précordiale.

Pendant plusieurs jours le malade reste dans le même état. Couché paisiblement dans son lit, il ne se plaint que d'une toux légère; n'accuse ni douleur, ni oppression. Les urines sont peu abondantes, l'œdème des pieds augmente. Le quinzième jour après l'entrée, l'exploration nous donne le résultat suivant: matité *très-considérable* à la région précordiale, s'étendant verticalement jusqu'à un travers de doigt au-dessous de la clavicule, et latéralement bien au-delà du sternum. Le bruit de frottement a disparu, les battemens du cœur, assez perceptibles à la partie supérieure du côté gauche, sont *très-obscurs* à la région précordiale, leur rhythme est normal. La région précordiale présente *une voussure* remarquable. Dans le côté droit de la poitrine nous constatons une matité occupant environ le tiers inférieur, avec absence du bruit respiratoire dans la même étendue; à gauche, râle sous-crépitant très-fort, sans diminution de la sonoréité; on ajoute sur la feuille du diagnostic : *épanchement très-considérable dans le péricarde, épanchement dans la cavité de la plèvre droite, œdème du poumon gauche;* et cependant le malade ne se plaint pas de la dyspnée et ne paraît pas même en éprouver; il est couché horizontalement, la tête très-basse, il se lève même tous les jours; la respiration n'est point précipitée; il ne sent aucun poids à la région du cœur, le pouls est irrégulier, les urines assez copieuses, l'œdème des extrémités inférieures a diminué. (Poudre d'herbe de digitale gr. ij; calomel gr. vj. f. 4 paquets: à prendre 3 dans la journée.)

Le 17 Août (22.e jour), le malade commence pour la première fois à éprouver une véritable dyspnée; il ne peut plus rester levé, le mouvement augmente l'oppression; les parois de la poitrine sont infiltrées; l'épanchement du côté droit augmente, et cependant le malade ne couche que sur le côté gauche: pouls intermittent, irrégulier; urines assez copieuses (même remède).

Les jours suivans, le malade s'affaiblit visiblement; sa figure est pâle, œdémateuse; il paraît dans un état d'indifférence prononcée, il est toujours couché horizontalement, éprouve moins de dyspnée que les jours précédens; la matité a encore augmenté à la région précordiale, le pouls est beaucoup plus irrégulier, presque insensible.

Les forces s'éteignent lentement, et le malade succombe le 22 Août 1835, un mois après le début de la maladie.

Autopsie cadavérique, faite quarante-huit heures après la mort, en présence de M. le professeur STOLTZ.

La percussion fut répétée sur le cadavre, elle nous donna les mêmes résultats que ceux que nous venons de faire connaître; nous constatâmes de nouveau la voussure de la région précordiale.

Organes thoraciques. Aussitôt que la cavité pectorale fut ouverte, on aperçut le péricarde énormément distendu, occupant presque toute la partie antérieure de la poitrine, aux dépens des poumons, qu'il avait refoulés des deux côtés; il s'étendait supérieurement jusque près de la clavicule; sa forme était ovoïde; sa partie la plus large tournée vers le diaphragme : mesuré en place et avant son ouverture, il présentait un diamètre longitudinal de dix pouces; le transversal en avait sept. Au plus grand de ces diamètres correspondait une circonférence de vingt pouces; au plus petit une de dix-huit. Détaché des poumons, auxquels il adhérait intimement par des fausses membranes, et extrait de la poitrine, cet organe présentait, avec le cœur et la sérosité qu'il contenait, un poids de quatre livres et demie; cette sérosité était citrine, et tenait en suspension des grumeaux albumineux; sa quantité, exactement mesurée, équivalait à celle d'*un litre.* Le péricarde était extrêmement épaissi, très-rugueux à sa surface interne, revêtue de fausses membranes, de densités et d'épaisseur différentes, et qui s'étendaient au feuillet qui recouvre le cœur; ce dernier présentait une surface rugueuse mamelonnée; les fausses membranes y formaient les aspérités, si bien décrites par CORVISART. Le cœur, sa membrane interne et ses valvules, étaient sains. (La pièce est conservée au muséum.)

Les poumons, comme nous l'avons dit, étaient refoulés par l'enveloppe du cœur; celui du côté gauche surtout était tellement comprimé vers la colonne vertébrale, qu'il était réduit au tiers de son volume; en l'incisant, on fit couler une grande quantité de la sérosité dont il était *infiltré.* Le poumon droit avait moins souffert; l'épanchement assez considérable et tout-à-fait séreux qui *se trouvait dans la plèvre droite*, occupait la partie inférieure; le poumon était libre à la partie supérieure.

Les organes des autres cavités étaient sains; le foie seulement présentait une échancrure singulière, qui lui donnait la forme d'un fer à cheval.

Nous ne commenterons pas longuement cette observation, déjà très-étendue; la simple lecture des faits démontre combien elle est remarquable. Une chose qui frappera surtout, c'est cette absence presque totale de tous les symptômes qui caractérisent ordinairement la péricardite. Certes, si nous avions été réduit à la seule appréciation de ces symptômes, jamais nous n'aurions pu, nous ne disons pas diagnostiquer, mais soupçonner une maladie semblable. On voit qu'à l'aide des signes physiques, nous avons pu parvenir à préciser la lésion avec une exactitude très-grande.

L'observation suivante va nous présenter la plupart des symptômes et des signes de la péricardite avec épanchement, liés à une autre maladie.

Observation N.° II.

Dilatation générale du cœur sans hypertrophie, mais avec flaccidité de ses parois. — Double épanchement dans les plèvres. — Apoplexie pulmonaire. — Mort.

Marie-Salomé Hurter, âgée de soixante-sept ans, jardinière, entrée à l'hôpital le 1.er Juin 1835, fut couchée au lit n.° 12.

Cette femme n'avait jamais été malade, lorsque, il y a six semaines, elle commença à sentir *pour la première fois*, le soir, au retour des travaux de la campagne, des battemens de cœur, de la dyspnée et de la toux, avec douleurs dans le ventre, qui se tuméfia. La malade continua cependant encore ses travaux pendant quatre semaines; mais les symptômes ayant augmenté, elle fut forcée de s'aliter. Le 30 Mai, elle avait eu plusieurs vomissemens mêlés de sang (la malade ne put nous dire si ce sang était vomi ou expectoré).

Entrée à l'hôpital dans la soirée du 1.er Juin, elle présenta à la visite du lendemain les symptômes suivans : orthopnée, face anxieuse, livide, extrémités froides, bleuâtres, légèrement infiltrées; respiration très-difficile, haute, saccadée, courte; voix entrecoupée; toux rare, crachats muqueux, sentiment continuel de *défaillance;* oppression, palpitations de cœur; son mat dans toute la partie postérieure et inférieure du thorax, principalement à droite; bruit respiratoire, puéril au sommet des deux poumons, complétement absent à droite, là où existe la matité; respiration tubaire à gauche avec bronchophonie et égophonie; battemens de cœur *extrêmement tumultueux*, précipités; *choc faible, obscur;* région précordiale *mate dans une grande étendue;* pouls presque imperceptible à gauche, un peu plus marqué à droite, irrégulier, impossible à compter. Douleur dans le côté droit de l'abdomen jusqu'à l'aine: la grande sensibilité au toucher ne permet pas d'explorer exactement l'abdomen; mais il paraît que le foie dépasse de beaucoup sa place ordinaire; le reste de l'abdomen est indolent et un peu météorisé. Soif, constipation, anorexie; urines peu abondantes. Tête libre. (Vingt sangsues sur l'hypocondre droit.)

Point de soulagement; la journée et la nuit se passent sans nouveaux symptômes. Toujours anxiété extrême, qui ne permet pas un instant de sommeil.

Le troisième jour de son entrée à l'hôpital, les mêmes symptômes persistent. Nous n'avons à noter qu'une expectoration muqueuse, mêlée d'un crachat de sang noirâtre coagulé, n'ayant aucune ressemblance avec les crachats pneumoniques. Nuit inquiète sans sommeil. (Sangsues à l'anus.)

Quatrième jour, même état. (*Inf. junip. v.* ℥vj; *sp. sal. am. anis.* ʒj. Vésicatoire sur la région précordiale.)

Cinquième jour. Se plaint toujours d'un sentiment de defaillance; toux rare, expectoration séreuse abondante, contenant encore un caillot de sang noir. (*Pot. hest.*)

Sixième et septième jours. Les symptômes et les signes stéthoscopiques restent toujours au même point; cependant la malade s'affaiblit de plus en plus, les extrémités sont plus froides, plus infiltrées; la langue livide, bleuâtre. (*Pot. gummos.* ℥iv; *spir. nitr. dulc.* ʒj.)

Huitième jour. La malade se plaint moins, paraît plus tranquille; son ventre est moins tendu. Mais ce mieux n'est qu'apparent: la face est plus décomposée, plus violette, ses yeux ternes, sa voix éteinte, et elle meurt *tranquillement* à huit heures du matin.

Autopsie faite quarante-huit heures après la mort.

Cerveau sain.

Thorax. Épanchement assez considérable (un litre environ) d'une sérosité limpide dans la plèvre gauche; poumon légèrement refoulé vers la partie supérieure, sain d'ailleurs. Dans le côté droit de la poitrine, l'épanchement est plus considérable; le foie est refoulé en bas, le poumon, comprimé par le liquide, est repoussé vers le médiastin; mais une bride membraneuse, qui le fixe au diaphragme, l'empêche d'être refoulé vers sa racine; les deux lobes supérieurs de cet organe sont sains, à l'exception d'une légère infiltration œdémateuse; mais le lobe inférieur présente trois taches bleuâtres, de forme carrée, dont la plus petite présente environ la surface d'un pouce carré, et la plus grande celle de trois pouces. A l'endroit où existent ces taches, le tissu pulmonaire est très-dur, noir, grenu à l'incision : une forte pression en fait sortir un liquide analogue à du sang veineux coagulé; autour de cette altération, le poumon devient *subitement* pâle, crépitant, normal : les parties engorgées tombent au fond de l'eau.

Péricarde sain, contenant quelques cuillerées d'une sérosité limpide.

Cœur très-volumineux, gorgé et distendu par un sang noir coagulé, qui remplit toutes ses cavités. Celles-ci sont uniformément dilatées, et surtout les oreillettes, dont la capacité est au moins triplée, et dont la membrane interne, et principalement celle de l'oreillette droite, est plus rouge qu'à l'état normal. Les parois du cœur ont leur épaisseur naturelle; mais la substance de cet organe est flasque, molle; les valvules ne présentent aucune altération; les orifices sont libres; l'aorte, à sa naissance, a une capacité un peu plus grande qu'à l'ordinaire, mais est saine du reste, ainsi que l'artère et les veines pulmonaires.

Abdomen. Foie hypertrophié, dépassant les cartilages des fausses côtes, s'étendant peu du côté du thorax; d'une couleur un peu plus foncée qu'à l'ordinaire; ses grains sont plus gros, ses vaisseaux gorgés de sang, sa consistance normale.

Rate saine.

Estomac sain.

Canal intestinal un peu rouge extérieurement, à différens endroits, mais ne présentant aucun changement de couleur ni de texture à sa membrane interne.

Péritoine parfaitement sain.

Cette observation est intéressante sous trois rapports: 1.° parce qu'elle présente un cas remarquable d'anévrisme passif de tout le cœur; maladie très-rare et même niée par quelques médecins; 2.° parce qu'elle offre un bel exemple d'apoplexie pulmonaire; 3.° enfin, à cause des difficultés qu'a offertes le diagnostic de l'affection du cœur, qui a présenté tout le cortége de phénomènes qui annoncent un épanchement dans le péricarde; savoir: d'une part, les symptômes décrits par les auteurs, tels que le sentiment de défaillance, l'oppression, la jactitation, le trouble du pouls, et de l'autre, les signes physiques: la matité, l'étendue, l'obscurité des battemens du cœur, la faiblesse du choc. Un seul signe a manqué qui aurait peut-être pu nous mettre sur la voie, c'est la voussure de la région précordiale qui se remarque dans l'hydro-péricarde; mais nous étions d'autant plus fondé à admettre cette dernière maladie, que celle qui l'a simulée est une des plus rares.

Observation III.

Rétrécissement considérable de la cavité thoracique; déplacement du cœur. — Cyanose. — Mort.

Hortense Nouveau, âgée de 24 ans, brodeuse, petite et difforme; entrée à la clinique le 24 Novembre 1835, fut couchée au lit n.° 15.

La malade dit s'être bien portée jusqu'à l'âge de 10 ans, où sa taille a commencé à se déformer, et, à la suite de l'exercice continuel du bras droit (elle brodait) sa colonne épinière, à se courber. Depuis deux ans la gibbosité a fait des progrès plus rapides : il est survenu de la gêne dans la respiration; les menstrues, régulières auparavant, se sont supprimées depuis trois mois. Depuis cette suppression, l'existence de cette malade est devenue très-pénible : la dyspnée est allée en augmentant; la face est devenue bleuâtre; elle a ressenti des palpitations. Aujourd'hui nous notons les symptômes suivans : face d'un violet intense, presque noirâtre aux lèvres, aux pommettes et à la pointe du nez; yeux turgescens, injectés; respiration courte, haute, précipitée; parole brève; décubitus sur le côté gauche; thorax extrêmement déformé; colonne vertébrale très-déjetée à droite; côté droit de la poitrine très-bombé, surtout en arrière, formant presque exclusivement la cavité thoracique; côté gauche presque effacé par l'aplatissement des côtes; toux peu fréquente, comme avortée; point d'expectoration; palpitations de cœur survenant par intervalles, bruit respiratoire très-obscur à gauche, assez distinct à droite; sonoréité normale dans les endroits où s'entend l'expansion vésiculaire. La région du cœur offre une matité très-considérable, et qui s'étend transversalement *d'un sein à l'autre;* les battemens de cet organe sont comme étouffés; quelquefois irréguliers, mais sans bruit anormal; leur plus grande intensité se remarque sous la mamelle droite; le pouls est très-fréquent, petit, presque imperceptible, les jugulaires, très-distendues, ne présentent point de pulsation; point d'œdème aux extrémités, point d'ascite. Foie, manifestement engorgé, ventre empâté, perte de l'appétit, anxiété continuelle, vertiges, prostration.

On porte le diagnostic suivant : *déplacement du cœur, qui est couché transversalement; cet organe ne présente point de rétrécissement; la gêne de la circulation provient de la position du cœur et de la compression du poumon*, par suite de la déformation du thorax. (Saignée de 8 onces.)

Nuit agitée, augmentation de l'anxiété.

Le lendemain prostration considérable, cyanose au même degré.[1] Le soir il survint un peu de réaction avec augmentation de la dyspnée. (Sangsues à l'anus.)

Le troisième jour la malade était toujours dans le même état : la cyanose n'avait pas diminué, l'oppression était continuelle et l'empêchait de se livrer au moindre repos : elle mourut la nuit, dans un état de torpeur survenu quelques heures auparavant.

Ouverture du cadavre 48 heures après la mort.

Face livide, lèvres toujours bleuâtres. L'ouverture de la poitrine fait voir que cette cavité est rétrécie d'une manière extraordinaire, par le refoulement du diaphragme, repoussé par le foie et les viscères abdominaux; l'estomac et la glande biliaire montent jusqu'au niveau de la troisième côte, et c'est là que cesse la cavité thoracique. Le cœur est *couché complétement en travers*, sa pointe tournée à gauche; son volume n'est ni augmenté ni diminué; ses parois ont une épaisseur normale; ses orifices ne présentent point d'altération; les gros vaisseaux sont sains. Le poumon gauche est réduit à de très-petites dimensions, par la compression qu'il a éprouvée; le poumon droit est sain. Le foie est

---

1 M. Devillier, élève de l'hôpital militaire, a eu la complaisance de faire le portrait de cette malade, dont le facies était très-remarquable.

très-hypertrophié, gorgé de sang, ainsi que la veine cave inférieure; cet organe a été tellement comprimé par la déviation des côtes, que l'une d'elles a imprimé sur sa surface un sillon large et profond; les autres viscères sont sains, à l'exception d'un engorgement veineux manifeste dans tous les tissus.

Observation IV.

Hypertrophie considérable du ventricule gauche avec dilatation; ossification de la valvule mitrale simulant l'insuffisance des valvules aortiques.

François Retour, âgé de soixante-trois ans, peintre, d'une constitution athlétique; entré à l'hôpital le 10 Juillet 1835, fut couché au lit n.° 22.

Le malade nous fournit, sur ses antécédens, les renseignemens suivans : à vingt ans il se fit soldat, et servit pendant quatorze ans; durant ce temps il eut deux fois la syphilis et une fois la gale; il fut chaque fois soigneusement traité.

Rentré dans ses foyers, il se livra à son métier, et fut atteint de la colique de plomb. En 1816, il contracta un rhumatisme articulaire des plus intenses, qui se prolongea et cessa subitement; *en même temps il fut pris de douleurs vagues à la région précordiale:* à ces symptômes vinrent, plus tard, se joindre une toux catarrhale, augmentant tous les hivers; une dyspnée de plus en plus forte; des palpitations de cœur, de l'œdème aux extrémités, et l'augmentation graduelle de tous ces symptômes força le malade à venir réclamer du secours à l'hôpital.

A son entrée, il est dans l'état suivant : face bouffie; lèvres livides; jambes œdématiées; orthopnée presque continuelle; toux avec expectoration muqueuse difficile; fortes palpitations de cœur, surtout vers le soir, ébranlant le tronc à chaque impulsion; sentiment de défaillance et de pesanteur à la région précordiale; pouls dur, *vibrant*, élevé, d'une fréquence normale, poitrine large, bien constituée, sonore partout, excepté à la région du cœur, qui présente une matité très-étendue, les battemens du cœur ne produisent pas un choc violent, mais donnent la sensation d'un corps volumineux qui, placé tout près des parois thoraciques, viendrait s'y appliquer lentement; ce choc ne se propage que dans une petite étendue, et cesse de se faire sentir sous la clavicule; le rhythme des battemens du cœur n'offre rien d'anormal : le premier bruit de cet organe est un peu plus clair qu'à l'état normal; le *second* est remplacé par un bruit de souffle, *qui part du cœur, longe le sternum, et se propage jusque dans les carotides et les sous-clavières* qui présentent des *pulsations* remarquables, soulèvent énergiquement le doigt qui les presse, et lui font éprouver une *vibration* très-forte; toutes les autres artères du corps donnent un choc plus fort qu'à l'état normal, semblent plus volumineuses, et présentent à l'auscultation *un bruit de râpe* très-distinct. — Le bruit respiratoire est à peu près normal partout, à l'exception de la partie postérieure droite du thorax, où se perçoit une crépitation très-forte.

Fonctions digestives en bon état; appétit faible; ventre libre; urines passablement abondantes; céphalalgie fréquente.

Diagnostic : *hypertrophie considérable du ventricule gauche du cœur, avec insuffisance des valvules aortiques; emphysème du poumon droit.* (Huile de digit. ℈ j;

f. infus. ʒ iv; *syr. cort. aur.* ℥ j, à prendre par cuillerées.)

Les jours suivans, la digitale n'étant pas supportée, et le malade se plaignant de gonflement du ventre, de constipation, de pesanteur, on le met à l'usage de pilules aloétiques avec calomel. Les *phénomènes stéthoscopiques sont permanens.*

Le 14 Juillet, l'état du malade va toujours en empirant; la faiblesse est croissante; l'œdème des extrémités augmentante; somnolence continuelle; voix presque éteinte; le malade prédit sa fin prochaine et meurt dans la soirée, dans une agonie courte et paisible.

Autopsie trente-six heures après la mort.

Thorax. Léger épanchement dans la partie droite de la poitrine; le poumon de ce côté est fortement adhérent au diaphragme par son lobe inférieur; sa partie postérieure présente un emphysème interlobulaire très-prononcé; la partie supérieure est gorgée de sang; le poumon gauche est légèrement adhérent à la plèvre costale, crépitant, engoué à la partie postérieure.

Péricarde épaissi, surchargé de graisse.

Cœur extrêmement volumineux, placé en travers du thorax; sa pointe vient répondre à la cinquième côte gauche, et l'oreillette droite, dépassant les cartilages costaux, se place entre les troisième et quatrième côtes droites. Cet organe offre, vu à sa partie antérieure, 8 pouces de longueur totale sur 3 pouces 10 lignes de largeur à sa base; vers sa partie postérieure il paraît bien plus volumineux; sa largeur, à la base, est de cinq pouces quatre lignes, et de cette base à la pointe il présente les mêmes dimensions.

La circonférence du cœur, à sa base, offre 13 pouces 2 lignes.

Incisée, la cavité gauche du cœur présente une hypertrophie avec dilatation considérable du ventricule. La paroi épaissie donne 16 lignes à la base, 12 au milieu et 8 à la pointe. Le diamètre perpendiculaire de la cavité est de 3 pouces et ½; le diamètre transversal de 2 pouces. — Il renferme du sang noir et liquide. Un énorme caillot de fibrine correspond à l'ouverture aortique; les colonnes charnues sont épaissies, *la valvule mitrale parsemée de concrétions cartilagineuses.* L'oreillette gauche est vide; elle est à l'état normal. Le cœur droit offre également une hypertrophie avec dilatation, mais beaucoup moindre que le cœur gauche; il est vide de sang. — La cloison inter-ventriculaire et très-épaissie : 9 lignes et ½. L'oreillette droite est un peu dilatée et hypertrophiée.

Aorte : à sa naissance elle est d'abord couchée transversalement, puis remonte bientôt, et va former sa crosse. — Elle paraît très-dilatée; aplatie et mesurée extérieurement, elle présente les dimensions suivantes :

à son origine	3	pouces	8.	lignes;
à sa crosse	3	—	6	—

Ses rameaux principaux présentent :

tronc innominé	1	pouce	10	lignes;
sous-clavière	1	—	3	—
carotide	1	—		

L'ouverture ventriculo-aortique ne présente aucune altération; les valvules sigmoïdes aucune insuffisance, elles ferment exactement cet orifice.

Foie volumineux, fortement granulé, friable.

Rate très-volumineuse, consistante, assez dure. — Les autres organes sains.

M. Aronssohn a cru pouvoir rattacher les symptômes

que présentait ce malade, à l'affection décrite par CORRIGAN[1] sous le nom d'insuffisance des valvules aortiques. En effet, les trois signes donnés par ce médecin, et par M. GUYOT, comme signes pathognomoniques de cette lésion, se sont présentés, chez notre malade, d'une manière évidente, savoir: 1.° Le bruit de soufflet, remplaçant le second bruit du cœur; 2.° les pulsations visibles des artères; 3.° la force et la vibrance du pouls. Cependant, malgré l'attention la plus minutieuse, nous ne pûmes découvrir cette lésion sur le cadavre.

M. ARONSSOHN, ne voulant pas s'en rapporter à ses propres yeux, consulta deux anatomistes dont on ne récusera pas l'autorité, MM. EHRMANN et LAUTH; ils reconnurent, avec lui, l'intégrité des valvules et de l'orifice ventriculo-aortique. Les signes donnés par MM. CORRIGAN et GUYOT ne sont donc pas exclusifs à la maladie qu'ils ont décrite.

Dans le cas qui nous occupe, le bruit de soufflet paraît avoir été produit par l'induration des valvules mitrales et l'impulsion dans les artères par la force du ventricule gauche dilaté et hypertrophié: ces deux altérations réunies ont simulé la maladie de CORRIGAN.

L'observation suivante, que nous exposerons très-brièvement, va prouver que l'insuffisance des valvules aortiques n'entraîne pas toujours les signes dont il vient d'être parlé.

Un maçon, âgé de soixante-seize ans, en traitement à la clinique pour une pleurésie traumatique (n.° 2 du tableau), souffrait depuis long-temps d'une affection

---

1 Cette affection avait déjà été décrite par KREYSIG long-temps auparavant.

asthmatique et de palpitations de cœur; exploré à plusieurs reprises, il présentait, outre les signes d'un épanchement double (matité et égophonie des deux côtés), des battemens de cœur très-énergiques, avec choc violent; double bruit de souffle, au cœur, *ne se prolongeant point dans les artères, qui ne présentent aucune pulsation insolite.*

Il mourut dans un accès d'orthopnée, et à l'autopsie on trouva un épanchement dans les deux plèvres; une hypertrophie avec dilatation du cœur gauche; une ossification des valvules de l'aorte, qui, *appliquées contre ce vaisseau, ne pouvaient plus s'abaisser.*

Observation V.

Anévrisme de l'aorte abdominale simulant une affection rhumatismale. — Mort.

Chrétien Conrad, âgé de cinquante-trois ans, ancien gendarme, paraissant avoir été d'une constitution robuste, entra à la clinique le 13 Mars 1835.

Depuis plusieurs années le malade éprouve dans la région lombaire, surtout du côté gauche, des douleurs qu'on regarde comme rhumatismales. Il a déjà subi de nombreux traitemens, employé une foule de remèdes, sans éprouver de soulagement durable. L'année passée il a fait un long séjour à l'hôpital, et en est sorti dans un état assez satisfaisant: aujourd'hui 13 Mars il rentre à la clinique, toujours affecté de la même maladie.

Le long séjour que cette fois le malade a fait à l'hôpital, le peu de variété qu'ont présenté les symptômes principaux, rendraient fastidieuse une description journalière de la maladie. Nous croyons en donner une idée plus nette, en présentant dans un seul tableau les symptômes qu'a offerts cette affection à ses différentes phases.

Le siége le plus permanent de la douleur était à la région lombaire gauche, de là elle s'irradiait vers les fausses côtes, plus tard elle se propagea le long du nerf spermatique gauche ; c'est vers cette époque aussi que le malade fut pris d'une pneumonie qui se termina heureusement le neuvième jour. Les douleurs envahirent ensuite la cuisse à sa partie interne jusqu'au genou : une *sensation de froid* les accompagnait. Le nerf sciatique des deux côtés fut pris à son tour, et de là la douleur passa dans les muscles abdominaux du côté gauche. Ainsi tous les nerfs de la moitié inférieure gauche devinrent successivement douloureux : ces douleurs n'avaient rien de fixe ; elles augmentaient tantôt, diminuaient parfois, et souvent cessaient complétement, tantôt sous l'influence des calmans nombreux et puissans, d'autres fois à la suite d'abondantes transpirations. Très-souvent aussi leur intensité empêchait le malade de goûter le moindre sommeil. Le membre pelvien droit resta toujours exempt de souffrances, ainsi que les extrémités supérieures. D'abord l'état général du malade ne sembla point souffrir ; la digestion se faisait bien ; il n'accusait point de souffrances dans le ventre, ne se plaignait jamais de battemens dans cette cavité, maigrissait peu ; la maladie fut considérée comme un rhumatisme invétéré ; mais plus tard les douleurs devinrent de plus en plus fortes et permanentes, en même temps que le membre inférieur gauche perdit presque toute sa sensibilité tactile. L'insomnie était presque continuelle ; les forces du malade déclinèrent, il pâlit et maigrit ; la maladie sembla gagner le diaphragme ;

des hoquets et des vomissemens survinrent. Enfin, dans les trois derniers jours de la vie, douleurs continuelles, surtout à la partie supérieure de la cuisse et dans la région iliaque, qui est tendue; dysurie, strangurie, pâleur et faiblesse extrême, marasme et mort lente le 11 Juin 1835.

N'ayant jamais pu découvrir d'affection dans aucun viscère important, n'ayant jamais observé ni dans l'abdomen, ni dans le dos de pulsation insolite, nous ne pouvions nous expliquer cet épuisement extrême et la mort du malade que par les grandes douleurs qui avaient épuisé l'innervation.

Autopsie faite 48 heures après la mort.

Organes thoraciques sains.

A l'ouverture de l'abdomen on trouva du côté gauche, vers la fosse iliaque, un épanchement de sang noir et coagulé qui couvrait les intestins. En poursuivant la source de ce sang, on vit qu'infiltré derrière le péritoine dans la région lombaire, il s'était avancé jusqu'à la paroi antérieure de l'abdomen, en marchant entre celle-ci et le péritoine. Cette membrane était perforée en plusieurs endroits, et le sang avait gagné l'excavation pelvienne, qu'il remplissait, en comprimant la vessie et le rectum; de là la dysurie et la constipation, que le malade avait ressenties.

Les viscères abdominaux, ainsi que le péritoine, furent alors enlevés, et nous vîmes aussitôt que la source de l'épanchement était une dilatation anévrismale de l'aorte abdominale. Ce vaisseau fut extrait et nous offrit les altérations suivantes: l'anévrisme avait eu lieu au niveau de la mésentérique supérieure, et avait 4 pouces d'étendue longitudinale sur 3 de diamètre transversal. La paroi postérieure du sac n'existait plus, et avait été remplacée par le corps des vertèbres lombaires, que le sang baignait à nu. La paroi antérieure du vaisseau était saine, et donnait naissance aux artères émulgentes, à la mésentérique supérieure et aux spermatiques. Au-dessus de la dilatation l'aorte avait 10 lignes de diamètre, au-dessous 9 lignes. La surface interne de la poche était lisse et donnait attache à deux gros caillots fibrineux tenaces, paraissant très-anciens. Le corps des trois premières vertèbres lombaires était détruit dans la moitié de son épaisseur, et cette altération s'étendait surtout à gauche vers les trous de conjugaison. Leur surface était rugueuse et spongieuse; les cartilages intervertébraux avaient résisté, ils étaient intacts et faisaient saillie entre les vertèbres érodées.

Les autres organes de l'abdomen étaient sains.

La marche de cette maladie prouve la vérité de ces paroles de Laennec : L'anévrisme de l'aorte n'a point de signes propres, tous ceux qui ont été indiqués par les auteurs, et surtout par Corvisart, annoncent seulement l'altération ou la *compression des organes environnans.*

L'observation suivante, en raison des lésions cadavériques qu'elle a offertes, doit trouver sa place ici.

Observation VI.

Phlegmasie blanche. — Mort. — Phlébite étendue depuis la saphène jusqu'à la veine cave.

Salomé Seiler, âgée de 37 ans, stature moyenne, cheveux châtains, yeux bruns, constitution affaiblie, mère d'un enfant qu'elle a nourri.

Après une seconde grossesse très-pénible, pendant la durée de laquelle elle fut tourmentée par des nausées et des vomissemens continuels, cette femme accoucha au huitième mois d'un enfant mort, qui offrait un commencement de putréfaction.

Quelques jours après la délivrance se déclara une affection de poitrine très-intense, pour laquelle la femme Seiler entra à l'hôpital (salle des accouchées) le 23 Avril 1835, seizième jour de ses couches. A cette époque on nota les symptômes suivans : point douloureux au côté droit de la poitrine, toux avec expectoration sanguinolente, fièvre continuelle, sueurs partielles, soif, inappétence, constipation ; les lochies, peu abondantes, se changent en un écoulement blanc ; urine rendue avec douleur et en petite quantité. (Douze sangsues sur le point douloureux de la poitrine. — Potion gommeuse nitrée avec l'esprit de Minderer. — Lavement.)

Les jours suivans, soumise à une médication antiphlogistique, cette pleuro-pneumonie perdit de son acuité ; mais il resta encore de l'oppression, de la toux, des crachats rouillés, et une fièvre continue, qui chaque soir s'exaspérait et s'accompagnait de frissons suivis de chaleur et de sueur.

Le 2 Mai, 25 jours après les couches, la malade fut placée dans les salles de la clinique interne.

Outre les symptômes qui viennent d'être indiqués, on eut à noter une expectoration peu copieuse et difficile ; décubitus impossible sur le côté droit, qui est le siége d'une douleur vive et constante : vers la partie supérieure ce côté présente de la matité et du râle crépitant ; au-dessous de l'omoplate et dans tout le reste du poumon droit il y a respiration et voix bronchiques, avec absence du bruit vésiculaire. Pouls faible et subfréquent. On écrit sur la feuille de diagnostic : *Pneumonie au deuxième degré* du poumon droit, et on prescrit une potion gommeuse; vésicatoire sur le côté droit du thorax; bouillon.

Le lendemain, vingt-sixième jour, la malade dit ressentir, depuis 3 jours, des douleurs dans l'extrémité inférieure gauche. Ce membre est dans toute sa longueur le siége d'un gonflement œdémateux et douloureux, sans rougeur aucune et sans augmentation de température, conservant à peine l'impression du doigt.

Quoique assez intense pour causer l'insomnie, la douleur n'augmente guères par la pression (l'état de ce membre, qui ne peut être déplacé sans occasioner de vives douleurs, explique pourquoi la veille le décubitus était impossible à droite). Disparition du point douloureux du thorax; diminution de la toux et de l'oppression; retour du râle crépitant dans toute la portion du poumon affecté. — Langue chargée, muqueuse; soif, anorexie, constipation, ventre ballonné, urine peu copieuse, accablement, tête prise; peau chaude, pouls à 80.

On ajoute sur la feuille du diagnostic : *Phlegmasia alba dolens.* (Lavement apéritif, potion gommeuse, frictions composées d'huile d'olives ℥ij, teint. de rhub. ʒij.)

4.e jour de la phlegmasie blanche, 27.e des couches. Membre pelvien moins douloureux, ventre moins ballonné; même état pour le reste.

5.e de la phlegm., 28.e des couch. Suppression des lochies; gonflement plus considérable de l'extrémité affectée; les tégumens qui la recouvrent sont d'un blanc mat, quoiqu'il y ait augmentation de la chaleur et douleur assez vive, qui s'exaspère au moindre mouvement; ventre de nouveau plus ballonné; peau très-chaude; pouls fréquent (100); constipation. (*Calomel* gr. ij. *Magn. calcin.* gr. vj., 3 doses par jour. — Potion gommeuse.)

6.e de la phlegm., 29.e des couch. Accablement général, réponses lentes, sentiment de brûlure dans le membre affecté, qui est couché sur sa face externe, parce que la sensibilité et la douleur sont bien plus vives au côté interne. Cette douleur s'étend dans le bassin jusqu'aux lombes. Toutefois la tension est moindre et l'œdème conserve l'empreinte du doigt; les ganglions inguinaux sont très-douloureux et engorgés; *la grande lèvre de ce côté n'est point tuméfiée.* (Friction laudanisée.)

9.e de la phlegm., 32.e des couch. Le membre n'est douloureux qu'à la partie interne; ce n'est que sur ce point que la pression est accompagnée de souffrances. (Onguent mercuriel double, 2 gros, frictionnés dans l'aine gauche; médication continuée durant 4 jours.)

13.e de la phlegm., 36.e des couch. Depuis plusieurs jours la malade est prise tantôt l'après-midi, tantôt la nuit, d'un accès complet de fièvre intermittente. La matité du son et l'absence de la respiration dans la partie inférieure et postérieure du côté droit, coïncidant avec une respiration puérile dans la partie supérieure, dénotent qu'il s'est fait inférieurement un épanchement pleurétique. (Onguent mercuriel double, à frictionner 3 gros dans le pli de l'aine gauche et sur le côté droit du thorax.)

14.e de la phlegm., 37.e des couch. Les accès de fièvre, qui deviennent de plus en plus intenses, épuisent les forces de la malade; et comme la constitution atmosphérique favorise dans ce moment le développement des fièvres intermittentes, elle est mise à l'usage du sulfate de quinine, à la dose de 9 grains dans les 24 heures.

Au bout de trois jours, la fièvre cesse, mais l'œdème reste stationnaire.

18.e de la phlegm., 41.e des couch. Douleur dans l'articulation scapulo-humérale gauche, augmentant par la pression. Le gonflement de l'extrémité inférieure gauche augmente considérablement. Il se manifeste autour des malléoles une rougeur inflammatoire.

Le membre pelvien droit commence également à se prendre. Il est tuméfié, pâle, douloureux à la pression, tant à sa face externe qu'à sa face interne. Les ganglions lymphatiques de ce côté sont peu tuméfiés et non douloureux. Soif, peau chaude, sèche, pouls fébrile. (Cataplasmes sur les parties enflammées, continuation des frictions mercurielles.)

19.e de la phlegm., 42.e des couch. La rougeur au pied gauche fait des progrès et s'étend plus haut; la jambe droite et l'épaule gauche se tuméfient de plus en plus et sont le siége de douleurs; la main gauche s'infiltre. (On dépose matin et soir, dans l'aine des deux côtés et dans l'aisselle du côté gauche, un demi-gros d'onguent mercuriel double.)

Les jours suivans, l'inflammation et le gonflement des membres inférieurs vont toujours croissant; les douleurs, presque insupportables et continuelles, causent de l'insomnie; les traits de la malade sont profondément altérés; escharre au sacrum; pouls subfréquent, faible; peau chaude, sèche; pouls à 80; parfois légers frissons avec sueurs froides partielles.

23.e de la phlegm., 46.e des couch. Phlyctènes avec suffusion de sang noirâtre sur le dos du pied gauche, donnant issue à une sérosité sanguinolente; diminution du gonflement et de la douleur aux deux membres pelviens.

Les accès de fièvre semblent se régulariser de nouveau. En conséquence on a encore une fois recours au sulfate de quinine, administré à la dose de douze grains dans les vingt-quatre heures.

28.e de la phleg., 51.e des couch. L'endroit enflammé du pied gauche s'est ulcéré; après l'issue d'un pus lié, on voit à découvert le tissu cellulaire sphacelé; parfois il s'en écoule une sérosité jaunâtre; le gonflement de la cuisse gauche, celui du membre pelvien droit et de l'épaule gauche, ont beaucoup diminué. Le long du côté interne du membre inférieur gauche on aperçoit sous la peau des espèces de vergetures ou de canaux semi-transparens, et ressemblans à des vaisseaux lymphatiques dilatés. (Infusion de genièvre ℔ij; continuation du sulfate de quinine.)

30.e de la phlegm., 53.e des couch. Nouvelle récrudescence; douleurs très-fortes dans les bras et les jambes, surtout au genou droit; main et avant-bras gauches fortement œdématiés; vaste abcès au sacrum, avec décollement considérable de la peau; traits profondément altérés par l'extrême maigreur de la face; langue pâle, frissons, pouls subfréquent, petit et très-faible. (Décoction de quinquina ℥iv; éther sulf. ʒß; sirop comm. ℥j, à prendre par cuillerées dans les vingt-quatre heures.) Les jours suivans, la malade est dans un état de débilité extrême; les douleurs sont moins fortes; mais l'œdème augmente : une suffusion sanguine noirâtre se montre à la jambe droite; pouls misérable; marasme au plus haut degré; sueurs continuelles à la face. Mort le 7 Juin, à cinq heures et demie du matin, au 38.e jour de la phlegmasie blanche, et 61 jours après ses couches.

Examen anatomique fait 48 heures après la mort.

Pour bien constater la part que le système des vaisseaux lymphatiques avait pu prendre à cette maladie, nous avons injecté au mercure ces vaisseaux dans l'extrémité pelvienne gauche, qui présente à la dissection l'état suivant :

La peau de la face dorsale du pied avait été détruite presque en entier, et laissait voir à nu le tissu cellulaire infiltré de pus; cette infiltration purulente s'étendait le long de la partie antérieure de la jambe jusqu'à l'épine du tibia; dans deux autres endroits, le pus était réuni en foyer, dont l'un se trouvait près du pli de l'aine, et l'autre derrière le grand trochanter, tous deux très-considérables, contenant un pus crémeux, épais, verdâtre, sans odeur; dans tout le reste du membre, le tissu cellulaire sous-cutané était sain et renfermait dans ses mailles une graisse abondante et très-dense; l'incision ne fit écouler de la sérosité qu'au dos du pied.

Examinés avec soin, les vaisseaux lymphatiques parurent sains : ils ne contenaient ni pus ni autre liquide; le mercure les avait traversés et était parvenu dans les ganglions de l'aine. Ceux-ci n'étaient que médiocrement tuméfiés, un peu rouges, mais sains du reste; les petits canaux sous-cutanés qui, sur le vivant, paraissaient être des vaisseaux lymphatiques distendus, étaient de petites cavités dues à l'éraillement du derme.

Le tissu musculaire présentait son aspect normal.

Mais c'est dans les veines que se trouva le principal désordre.

La saphène interne, à partir des malléoles jusque dans la veine crurale, allant toujours en s'épaississant, avait fini par avoir la texture et la rigidité d'une artère.

La membrane interne de ce vaisseau était plus rouge qu'à l'état normal; le sang qu'il contenait était solidifié et présentait de petits cylindres, ressemblant à de la matière à injection qui s'y serait figée; la veine tibiale postérieure présentait les mêmes altérations, qui se manifestaient jusque dans les plus petites radicules veineuses.

La veine crurale, depuis son origine jusqu'à la région poplitée, et principalement au pli de l'aine, avait une épaisseur au moins quadruple de celle qui lui est normale. Son aspect était complétement changé; au lieu d'un tuyau bleuâtre semi-transparent, elle figurait un canal rugueux, opaque; fendue depuis le pli de l'aine jusqu'au genou, elle donna issue à une grande quantité d'un pus épais et crêmeux, qui la distendait. La surface interne était tapissée d'une fausse membrane épaisse. La veine iliaque externe, de même que l'iliaque interne, présentait absolument les mêmes altérations que la veine crurale. Le premier de ces troncs veineux était ulcéré; la perforation qu'il présentait se trouvait au niveau de la branche horizontale du pubis et communiquait avec un abcès qui était situé dans le pli de l'aine.

La veine cave inférieure présentait également des traces profondes d'inflammation; ses parois, considérablement épaissies, étaient distendues par du pus qui, mêlé à la substance fibrineuse du sang, formait des grumeaux cylindriques, véritables bouchons, qui, de

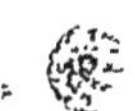

distance en distance, obstruaient entièrement ce vaisseau. Une de ces concrétions, placée à l'entrée de la veine iliaque droite, rendait impossible son dégorgement dans la veine cave[1]. Les veines émulgentes, jusqu'aux reins exclusivement, étaient remplies de cette même matière concrète. Immédiatement avant de pénétrer dans le foie, la veine cave reprenait sa structure normale et ne présentait plus rien de morbide jusqu'au cœur. Les artères étaient saines.

Le membre pelvien droit présentait des altérations moins profondes et moins étendues que celui que nous venons d'examiner.

La surface intérieure et externe des tégumens de la jambe était d'un rouge foncé en cet endroit. Le tissu cellulaire sous-cutané était infiltré de pus; les petites ramifications veineuses y présentaient, quant à l'état de leurs tuniques et au sang qu'elles contenaient, les mêmes altérations que celles que nous avons déjà signalées dans les radicules de la saphène gauche. Derrière le grand trochanter existait un vaste abcès, contenant un pus brunâtre. Le tissu cellulaire de ce membre était en général plus humide que celui du côté opposé; les troncs veineux ne présentaient rien d'anormal, si ce n'est une distension remarquable de la veine iliaque, due, sans doute, à l'obstruction de son embouchure dans la veine cave. Le canal thoracique était sain et ne renfermait aucun liquide étranger; il en était de même du système artériel.

Les nerfs des deux membres, ceux du bassin et de la cavité abdominale, tant rachidiens que ganglionaires,

---

1. Ceci explique l'affection consécutive du membre pelvien droit.

n'ont présenté, à l'examen le plus minutieux, aucune altération.

Les articulations coxo-fémorales étaient saines; elles renfermaient une synovie épaisse, filante. Les articulations sacro-iliaques et pelviennes n'offraient également rien de morbide. Le membre thoracique gauche ne présentait rien de pathologique, si ce n'est une infiltration séreuse du tissu cellulaire sous-cutané de la main et de l'avant-bras.

La paroi abdominale du côté gauche offrait, dans son épaisseur, une infiltration purulente et des veinules épaissies, contenant du sang concret, comme aux jambes.

La matrice était ramollie et avait le double de son volume ordinaire; les veines spermatiques étaient distendues par du pus.

La vessie, ainsi que le canal intestinal et les reins, étaient sains; la rate, augmentée de volume, était ramollie; foie hypertrophié, d'un jaune pâle et friable; poumons sains. Celui du côté droit adhérait au diaphragme par des fausses membranes peu denses; celui du côté gauche était libre. La cavité de la plèvre droite contenait un peu de sérosité trouble.

Cœur et péricarde, sains; cerveau à l'état normal.

Cette observation qui a été recueillie avec la plus grande exactitude, prouve de la manière la plus évidente l'erreur de ceux qui placent exclusivement le siége de la phlegmasie blanche, soit dans les vaisseaux lymphatiques (White, Dennemann), soit dans les nerfs (Albers, Dugès), soit dans les articulations du bassin (Velpeau), soit dans une inflammation du tissu cellulaire (Duncan, Lobstein). Elle milite en faveur de l'opinion de DAVIS et de ROBERT LEE, qui la regardent comme un phlébite, sans qu'on puisse prétendre avec ces derniers que la chose se passe toujours ainsi.

On remarquera qu'un signe donné par WHITE comme pathognomonique, a manqué ici; c'est le gonflement de la grande lèvre du côté malade.

Les phthisies, les hémoptysies et les bronchites que nous avons observées, n'ont en général rien offert qui soit digne d'être rapporté; nous allons cependant donner ici deux observations, qui sont intéressantes sous le rapport de l'anatomie pathologique ou du diagnostic de la première de ces maladies.

OBSERVATION I.re

Phtisie pulmonaire; ouverture d'une vomique dans la plèvre. — Mort.

Rosine-Marie Jœrges, âgée de 28 ans; accoucha, il y a quatre mois, de son second enfant. Déjà pendant sa grossesse elle avait légèrement toussé; cette toux augmenta après les couches; elle allaita son enfant pendant un mois; les règles ne revinrent point (ce que la malade attribua à une nouvelle grossesse). Des mouvemens fébriles irréguliers se déclarèrent; elle eut plusieurs hémoptysies.

Aujourd'hui : marasme, toux forte, crachats évidemment purulens; décubitus impossible sur le côté droit, à cause de la toux, qui est plus forte dans cette position. Toux et râle caverneux, pectoriloquie au sommet et dans l'aisselle du côté droit : gargouillement léger du côté opposé. Point de tintement métallique;

voies digestives en assez bon état; appétit, point de diarrhée; pouls petit, subfréquent (88); sueurs nocturnes; tiraillement douloureux dans la jambe droite. (*Sacchar. saturn.*, gr. j; *aq. dist.*, ℥ iv; *Syr. opiat*, ℥ j.)

Au bout de deux jours la prostration augmenta tout à coup, et la malade mourut subitement sans avoir pu être de nouveau explorée.

Autopsie cadavérique 48 *heures après la mort.*

La cavité de la plèvre droite contient une grande quantité de sérosité, mêlée de pus et de flocons albumineux. La plèvre pulmonaire est couverte d'une couche albumineuse de lymphe coagulable; elle est rouge, injectée: aucune adhérence ne l'unit au poumon. Au sommet de celui-ci, à peu près au niveau de la troisième côte, existe une ouverture irrégulièrement déchirée, communiquant avec une vomique d'une capacité moyenne, qui s'est vidée dans la plèvre : ce poumon est farci de tubercules, et contient deux autres très-petites vomiques. A gauche il n'existe également aucune adhérence entre le poumon et la plèvre : le premier est complétement sain dens ses quatre cinquièmes inférieurs; le sommet est envahi par quelques tubercules, et présente, à toute la partie supérieure, une eaverne, dont la paroi externe n'est formée que par une lame mince du poumon, et qui est complétement vide.

C'est le défaut d'adhérences entre le poumon et la plèvre costale, qui paraît avoir favorisé la rupture de la vomique dans la cavité pectorale, ce qui prouve que ces adhérences sont une précaution que prend la nature pour prévenir ce terrible accident.

Foie atteint de l'hypertrophie jaune, ordinaire chez les phthisiques.

Estomac volumineux et sain. Canal intestinal sain, excepté l'iléon, qui, dans une grande étendue, présente un rouge foncé, évidemment dû à une inflammation chronique. Matrice vide.

Observation II.

Phthisie melanée latente.

George-Michel Beyer, âgé de 70 ans, d'une constitution assez forte, entra à l'hôpital le 11 Août 1835.

Il nous dit s'être toujours bien porté, *n'avoir jamais toussé notablement;* il y a trois jours il fut pris subitement de vomissemens réitérés, avec diarrhée et douleurs dans le ventre. Le lendemain, à 3 heures après midi, violent frisson suivi de chaleur et de sueurs. La veille de son entrée à l'hôpital nouveau frisson à la même heure que celui du jour précédent, mais moins intense.

Aujourd'hui : anorexie, bouche pâteuse, soif, point de vomissemens, point de nausées, ni de diarrhée; abdomen dur, tendu, légèrement douloureux à la pression, surtout vers l'hypocondre gauche; matité dans cette région, paraissant tenir à l'engorgement de la rate; *aucun symptôme du côté de la poitrine.* Légère céphalée, apyrexie. Urine épaisse foncée. Les autres fonctions ne sont point troublées.

Le même jour, à 4 heures après midi, le malade eut un nouveau frisson, suivi de chaleur et de sueur.

Le lendemain somnolence profonde, dont on ne peut tirer le malade, qui ne paraît pas entendre les questions qu'on lui adresse; les yeux sont éteints, il donne quelques signes de souffrance, lorsqu'on palpe le ventre;

la langue est sèche, il est survenu de la diarrhée. *Point de toux ni d'oppression;* la partie inférieure du côté gauche du thorax donne toujours un son mat; pouls fréquent, délié, peau chaude. —Prostration. (*Pot. gummos.* ℥iv *cum æther. sulfur.*, gtt. xxx. — Sinapismes volans.)

Le soir légère rémission.

9.e jour, à la visite du matin, assoupissement complet, bouche entr'ouverte, respiration haletante, bruyante, stertoreuse; langue raccornie, ventre souple, non météoriorisé; pouls fréquent et dur, peau sèche, brûlante.

Le malade meurt tranquillement à midi.

Examen cadavérique 48 heures après la mort.

Encéphale : méninges saines, ainsi que la substance cérébrale, qui est un peu sablée.

Poitrine : poumons adhérens aux plèvres par des fausses membranes épaisses qui recouvrent surtout la plèvre pulmonaire, qui en paraît épaissie ; les deux poumons farcis, dans toute leur étendue, d'une infiltration tuberculeuse mélanée qui, mêlés de tubercules jaunes ordinaires, donnent à la section du poumon un aspect *charbonneux* marbré. Aucun point de suppuration ne se remarque dans le poumon droit. Le poumon gauche, au contraire, présente une *large vomique* anfractueuse, vide, tapissée d'une fausse membrane, enduite d'une substance gluante d'un noir brun; la base de ce poumon est en outre atteinte d'une hépatisation inflammatoire rouge, qui occupe tous les interstices des tubercules.

Cœur et péricarde sains.

Estomac sain, duodénum un peu rouge, ainsi que

l'iléon en plusieurs endroits; le reste du canal intestinal ne présente aucune altération.

Foie et rate sains, ainsi que tous les autres organes.

Un grand nombre des maladies dont on vient de lire l'histoire, mortelles par leur nature, n'ont pu servir de texte à des inductions thérapeutiques très-étendues: nous les avons citées comme intéressantes pour l'anatomie pathologique, et surtout pour le diagnostic; en effet, on aura remarqué que, sous ce rapport, la plupart sont très-curieuses. Nous donnerons, dans la seconde partie de ce travail, l'histoire des maladies du bas-ventre et de la tête, qui, beaucoup plus importantes sous le rapport du traitement, nous fourniront l'occasion de développer, plus au long, les idées thérapeutiques que M. ARONSSOHN nous a communiquées dans le cours de sa clinique.

FIN DES MALADIES DE POITRINE.

[illegible]

SYNOPTIQUE des Pleurésies traitées à la clinique interne de la Faculté de Strasbourg, durant le service du docteur L. ARONSSOHN, *agrégé en exercice.*

N.° d'ordre	NOMS, AGE, TEMPÉRAMENT, ETC.	JOUR de l'entrée et n.° du lit.	DURÉE de la maladie avant l'entrée.	ANTÉCÉDENS.	CAUSE efficiente.	SYMPTOMES LOCAUX. DOULEUR.	SYMPTOMES LOCAUX. DÉCUBITUS.	SYMPTOMES LOCAUX. ÉTAT de la respiration.	SYMPTOMES LOCAUX. TOUX.	SYMPTOMES LOCAUX. EXPECTORATION.	SIGNES PHYSIQUES. MENSURATION des parois thoraciques.	SIGNES PHYSIQUES. RÉSONNANCE des parois thoraciques.	SIGNES PHYSIQUES. ALTÉRATION DU BRUIT RESPIRATOIRE. En plus ou en moins.	SIGNES PHYSIQUES. ALTÉRATION DU BRUIT RESPIRATOIRE. Râles.	SIGNES PHYSIQUES. MODIFICATION DE LA VOIX.	SIGNES PHYSIQUES. BRUITS anormaux.	SYMPTÔMES généraux.	ORDRE de succession des phénomènes.	COMPLICATIONS.	TERMINAISON.	EXAMEN ANATOMIQUE.	TRAITEMENT. AVANT L'ENTRÉE.	TRAITEMENT. A LA CLINIQUE.	DURÉE du traitement à la clinique.	MALADIES consécutives.	DATES de la SORTIE.	OBSERVATI[ONS]
1	DOURELOT (Pierre-Auguste), 28 ans, préposé des douanes; tempérament nerveux.	1835. 21 Avril. Lit n.° 27.	3 jours.	Catarrhe chronique.	Refroidissement.	Douleur intense du côté droit jusqu'au 2.e jour; mais beaucoup mitigée dès le lendemain de l'entrée.	A gauche, tant que dura la douleur.	Très-gênée et accélérée, surtout le soir.	Forte.	D'abord albumineuse; le 5.e jour, rouillée; le 8.e, naturelle.	Point de dilatation.	Son mat dans la moitié inférieure du côté droit, subsistant en partie quelque temps après la cessation des autres symptômes pleurétiques.	Respiration puérile du côté sain; souffle bronchique du côté malade.	Râle muqueux et sonore; très-fort dans le côté sain.	Bronchophonie du côté malade; égophonie entendue seulement vers la fin de la maladie.	Nul.	Frissons, chaleur, pouls fréquent et petit; le 2.e jour apyrexie.	Frissons pendant 1 jour; le lendemain, point de côté et toux.	Bronchite chronique et hypochondrie.	Guérison, le 6.e jour après l'entrée. En même temps, éruption pustuleuse aux lèvres; bientôt après, développement d'une hypochondrie.		Nul.	Saignée le jour de l'entrée; le lendemain, ventouses scarifiées, n.° XX; le surlendemain, saignée; le 4.e jour, vésicatoire sur le côté droit; potion nitrée chaque jour.	6 jours.	Hypochondrie.	18 Mai 1835, guéri.	Les crachats rouillés [...] pneumonie, elle a [...] Quoique, [...] malade pût être [...] considérées, [...] leur de côté [...] temps, par négligence [...] de l'hygiène.
2	SAUTTER (Guillaume), 76 ans, maçon; constitution robuste, tempérament sanguin.	26 Mars entré à la clinique externe p.r le désordre extérieur causé par la roue; à la clinique interne, le 25 Avril. Lit n.° 10.	30 jours.	Maladie organique du cœur.	Pression de la poitrine par une roue de voiture.	Douleur du côté gauche lors de l'entrée du malade au service de chirurgie; elle cède aux émissions sanguines; plus tard il se manifesta une nouvelle douleur au côté droit.	Dorsal, plus facile à gauche qu'à droite.	Orthopnée.	Légère.	Muqueuse.	Forte voussure à la partie postérieure et inférieure des 2 côtés.	Matité dans les 2 côtés, jusqu'à la hauteur de la 4.e côte.	Absence du bruit respiratoire dans l'étendue de la matité; respiration puérile dans le reste du poumon.	Nul.	Égophonie au niveau supérieur de la matité.	Double bruit de soufflet au cœur.	Pouls plus dur, peu fréquent.	Ancienne maladie du cœur; forte contusion du thorax, suivie de douleur au côté gauche; dyspnée plusieurs jours après la cessation de la douleur.	Hypertrophie du cœur.	Mort, par les progrès de la maladie du cœur, 10 jours après l'entrée, le double épanchement pleurétique persistant en partie.	Épanchement pleurétique considérable du côté droit; très-léger à gauche. — Hypertrophie avec dilatation du cœur, ossification des valvules aortiq.es avec insuffisance.	Deux saignées; application de sangsues; digitale.	Saignée suivie de l'emploi de différens diurétiques.	10 jours.	Point.	7 Mai 1835, mort.	Voir, pour les détails de l'affection du cœur, le [...] ces maladies.
3	HUTTER (Anne-Marie), 25 ans, servante; tempérament sanguin.	17 Mai. Lit n.° 12.	12 jours.	Vomissement opiniâtre il y a un an.	Répercussion brusque d'un prurigo général.	A la partie postérieure et inférieure du côté gauche très-aiguë; disparaît le lendemain de l'entrée à la clinique.	Sur le côté gauche, et plus tard dorsal.	Respiration gênée par la douleur.	Sèche et très-douloureuse.	Peu abondante; muqueuse, spumeuse.	Point de dilatation.	Matité très-circonscrite et tout-à-fait à la base du côté malade.	Bruit respiratoire perceptible partout, mais un peu obscur là où siège la douleur; point de souffle bronchique.	Nul.	Légère égophonie pendant un seul jour: celui de l'entrée.	Nul.	Fièvre revenant par accès tous les soirs à 5 heures; état gastrique.	Au début, douleur et toux; le jour suivant, frisson.	Gastrite.	Guérison, le 2.e jour de l'entrée, correspondant à l'apparition de la gastrite.		Une saignée et un vomitif.	Le jour de son entrée, 1 dose de calomel, chacune 3 grains.	2 jours.	Gastrite.	1.er Juin 1835, guérie.	
4	SIEGEL (Marie), 25 ans, couturière; constitution faible, née d'une mère phthisique.	17 Mai. Lit n.° 28.	35 jours.	Dans son enfance, hydrocéphale aigu; depuis ce moment, paralysie d'un côté de la face; il y a 4 ans, fièvre quarte, depuis la même époque, palpitations et orthopnée.	Colère.	Au début, point très-douloureux au côté droit; presque enlevé par une saignée faite en ville, et réduite à peu de chose lors de l'entrée à l'hôpital, mais se réveillant fréquemment.	Possible sur les 2 côtés, mais préfère sur le dos.	Très-gênée; parfois orthopnée; parole courte.	Toux revenant tous les 3 à 4 jours, avec des points de côté, ordinairement avec eux.	Nulle.	Dilatation de 8 lignes du côté droit.	Matité dans les 2/3 inférieurs du côté droit; très-circonscrite à la base du côté gauche.	Absence complète du bruit respiratoire dans toute l'étendue de la matité; ailleurs, il est en général faible, excepté à la partie antérieure, supérieure et gauche, où il est puéril; absence complète de la vibration thoracique dans les endroits mats.	Nul.	Légère égophonie au niveau supérieur de la matité.	Bruit de râpe constant accompagnant le premier bruit du cœur.	Frisson au début, pouls très-accéléré et élevé.	Frisson d'abord, puis douleur et toux.	Hypertrophie avec dilatation du cœur.	Après être restée 55 jours à la clinique, la malade en est sortie, n'ayant plus d'épanchement que dans la plèvre droite, où il était réduit à la moitié de la hauteur de ce côté; l'état général était beaucoup amélioré; le pouls, qui long-temps était de 120, ne donnait plus que 90.		Une saignée.	Successivement digitale, calomel avec opium, [illegible] tartre de potasse; sangsues lors de l'apparition des douleurs de côté; vésicatoires tour à tour sur les 2 côtés du thorax.	55 jours.	Point.	11 Juillet 1835, congédiée, mais avec amélioration notable.	Pendant long-temps la malade a éprouvé [...] qui la [...] qu'elle était [...] au début dans la [...] rebord des fausses [...]
5	FRISINGER (Marie), 49 ans; constitution robuste; n'est plus réglée depuis un an.	9 Juin. Lit n.° 10.	5 jours après l'entrée.	Toux depuis 7 mois; rhumatisme musculaire à différentes époques.	Inconnue.	Douleur directement sous le mamelon pend.t 3 jours.	Sur le côté affecté (gauche).	Dyspnée, surtout la nuit.	Fréquente et très-fatigante.	Puriforme, abondante.	Dilatation de 4 lignes.	Son mat, survenu 3 jours après l'entrée.	Souffle bronchique très-fort dans les 2/3 inférieurs du côté gauche, transmis à travers le poumon du côté sain (5.e jour de l'entrée).	Râle sonore des 2 côtés; râle sous-crépitant à la partie postérieure et inférieure gauche, qui cesse au moment où l'épanchement s'opère.	Voix rebaire aussi intense que la pectoriloquie, correspondant à la matité sans égophonie.	Nul.	Pouls élevé, fréquent (104), n'est devenu normal que vers la fin.	Toux légère, qui s'aggrave au bout de 2 mois, et alors s'accompagne de dyspnée et de fièvre; enfin, 5 jours après l'apparition de la douleur sous-claviculaire, il y a épanchement.	Bronchite.	Guérison au 17.e jour de l'entrée.			Oxide blanc d'antimoine depuis 1 scrupule jusqu'à 1 gros pendant 5 jours; vésicatoire sur le côté affecté.	17 jours.	Point.	30 Juin 1835, guérie.	Voir l'observation
6	GASVARD (Françoise), 35 ans, servante; constitution forte, tempérament sanguin.	26 Juin. Lit n.° 7.	30 jours.	Toux chronique.	Refroidissement.	A la partie postérieure et moyenne du côté gauche très-aiguë d'abord; le 15.e jour, simple endolorissement, qui disparaît au 28.e	Sur le côté sain (contraire à l'habitude de la malade), tant que dura la douleur; plus tard, décubitus dorsal, incliné vers le côté affecté.	Très-gênée.	Petite, sèche et douloureuse.	D'abord nulle, ensuite peu abondante et muqueuse.	Côté malade notablement dilaté (5 lignes); revenu à son état normal le jour de la sortie.	Matité complète dans la moitié inférieure du côté gauche; réduite au quart de ce côté le 8.e jour du traitement, et disparue le 11.e jour.	Souffle bronchique très-fort à l'endroit affecté; respiration puérile à un haut degré dans les parties saines.	Râle sibilant; sable passant au bruit respiratoire.	Bronchophonie très-forte dans toute l'étendue de la matité. Égophonie prononcée aux limites supérieures de celle-ci, durant autant que l'épanchement.	Nul.	Au début, violent frisson, puis fièvre continue; vers la fin, frissons irréguliers.	Le frisson et la douleur débutent ensemble.	Point.	Guérison, 11 jours après l'entrée. En même temps que les symptômes disparurent, il y eut urine sédimenteuse et salivation abondante, qui se prolongea.		Nul (n'a pas été saignée avant son entrée).	Les 3 premiers jours, calomel, à la dose de 3 grains, 3 fois par jour; ensuite purgatifs, pour combattre le ptyalisme. Vésicatoire sur le point affecté.	11 jours.	Salivation.	22 Juillet 1835, guérie.	Voir l'observation
7	KURZ (Marguerite), 25 ans, servante; constitution délicate, tempérament sanguin.	24 Octob. Lit n.° 27.	2 jours.	Aucun.	Refroidissement.	Douleur très-forte à la partie postérieure du côté gauche; presque dissipée le 2.e jour de l'entrée; le 3.e, elle disparut complètement.	Impossible sur le côté sain; [illegible] après le 2.e jour de l'entrée.	Dyspnée.	Fréquente.	Muqueuse.	Point de dilatation.	A gauche, matité de la partie postérieure et inférieure; [illegible] le 2.e jour.	Absence de la respiration dans l'étendue de la matité.	Nul.	Point d'égophonie.	Nul.	Frissons au début, pouls [illegible] (96).	Frisson, puis chaleur et douleur [illegible] poitrine.	Point.	Guérison au 4.e jour de l'entrée, [illegible] avec légère bronchite.		Nul.	Saignée dès l'entrée; [illegible] de 1/2 pouce d'épaisseur; le lendemain, nouvelle saignée, sans couenne phlogistique. Cataplasme sur la poitrine.	4 jours.	Prostration de forces et toux légère.	17 Novembre 1835, guérie.	

SYNOPTIQUE des Pleurésies traitées à la clinique interne de la Faculté de Strasbourg, durant le service du docteur L. Aronssohn, agrégé en exercice.

S, AGE, [...]RAMENT, ETC.	JOUR de l'entrée et n.° du lit.	DURÉE de la maladie avant l'entrée.	ANTÉCÉDENS.	CAUSE efficiente.	SYMPTOMES LOCAUX. DOULEUR.	DÉCUBITUS.	ÉTAT de la respiration.	TOUX.	EXPECTORATION.	SIGNES PHYSIQUES. MENSURATION des parois thoraciques.	RÉSONNANCE des parois thoraciques.	ALTÉRATION DU BRUIT RESPIRATOIRE. En plus ou en moins.	Râles.	MODIFICATION DE LA VOIX.	BRUITS anormaux.	SYMPTÔMES généraux.	ORDRE de succession des phénomènes.	COMPLICATIONS.	TERMINAISON.	EXAMEN anatomique.	TRAITEMENT. AVANT L'ENTRÉE.	A LA CLINIQUE.	DURÉE du traitement à la clinique.	MALADIES consécutives.	DATES de la SORTIE.	OBSERVATIONS.
[...]RT (Pierre-[...]), 38 ans, [...] des douanes; [...]ment nerveux.	1835. 21 Avril. Lit n.° 27.	3 jours.	Catarrhe chronique.	Refroidissement.	Douleur intense du côté droit jusqu'au 7.ᵉ jour; mais beaucoup moindre dès le lendemain de l'entrée.	A gauche, tant que dura la douleur.	Très-gênée et accélérée, surtout le soir.	Forte.	D'abord albumineuse; le 5.ᵉ jour, rouillée; le 9.ᵉ, naturelle.	Point de dilatation.	Son mat dans la moitié inférieure du côté droit, subsistant en partie quelque temps après la cessation des autres symptômes pleurétiques.	Respiration puérile du côté sain; souffle bronchique du côté malade.	Râle muqueux et sonore; très-fort dans le côté sain.	Bronchophonie du côté malade; égophonie entendue seulement vers la fin de la maladie.	Nul.	Frissons, chaleur, pouls fréquent et petit; le 3.ᵉ jour apyrexie.	Frisson pendant 1 jour; le lendemain, point de côté et toux.	Bronchite chronique et hypochondrie.	Guérison, le 6.ᵉ jour après l'entrée. En même temps, éruption pustuleuse aux lèvres; bientôt après, développement d'une hypochondrie.		Nul.	Saignée le jour de l'entrée; le lendemain, ventouses scarifiées, n.° XX; le surlendemain, saignée; le 4.ᵉ jour, vésicatoire sur le côté droit; poudre nitrée chaque jour.	6 jours.	Hypochondrie.	18 Mai 1835, guéri.	Les crachats rouillés d'un seul jour font croire que, s'il y eut pneumonie, elle a dû être très-circonscrite et passagère. Quoique, à dater du 6.ᵉ jour, le malade pût être regardé comme convalescent, cependant sa douleur de côté continua de temps en temps, par négligence des règles de l'hygiène.
[...]ER (Guillaume), [...] ans, maçon; [...]tion robuste, [...]ment sanguin.	25 Mars entré à la clinique externe p.ʳ la dissention extérieure causé par la roue; à la clinique interne, le 25 Avril. Lit n.° 16.	30 jours.	Maladie organique du cœur.	Pression de la poitrine par une roue de voiture.	Douleur du côté gauche lors de l'entrée du malade au service de chirurgie; elle cède aux émissions sanguines; plus tard il se manifeste une nouvelle douleur au côté droit.	Dorsal, plus facile à gauche qu'à droite.	Orthopnée.	Légère.	Muqueuse.	Forte voussure à la partie postérieure et inférieure des 2 côtés.	Matité dans les 2 côtés, jusqu'à la hauteur de la 4.ᵉ côte.	Absence du bruit respiratoire dans l'étendue de la matité, respiration puérile dans le reste du poumon.	Nul.	Égophonie au niveau supérieur de la matité.	Double bruit de soufflet au cœur.	Pouls plus dur, peu fréquent.	Ancienne maladie du cœur; forte contusion du thorax, suivie de douleur au côté gauche; dyspnée plusieurs jours après la cessation de la douleur.	Hypertrophie du cœur.	Mort, par les progrès de la maladie du cœur, 10 jours après l'entrée, le double épanchement pleurétique persistant en partie.	Épanchement pleurétique considérable du côté droit; très-léger à gauche. Hypertrophie avec dilatation du cœur, ossification des valvules aortiq.ˢ avec insuffisance.	Deux saignées; application de sangsues; digitale.	Saignée suivie de l'emploi de différens diurétiques.	10 jours.	Point.	7 Mai 1835, mort.	Voir, pour les détails de l'affection du cœur, le chapitre de ces maladies.
[...]ER (Anne-[...]) 28 ans, [...] tempérament	11 Mai. Lit n.° 12.	12 jours.	Vomissement opiniâtre il y a un an.	Répercussion brusque d'un prurigo général.	A la partie postérieure et inférieure du côté gauche; très-aiguë; disparaît le lendemain de l'entrée à la clinique.	Sur le côté gauche, et plus tard dorsal.	Respiration gênée par la douleur.	Sèche et très-douloureuse.	Peu abondante; mucoso-spumeuse.	Point de dilatation.	Matité très-circonscrite et tout-à-fait à la base du côté malade.	Bruit respiratoire perceptible partout, mais un peu obscur là où siège la douleur; point de souffle bronchique.	Nul.	Légère égophonie pendant un seul jour: celui de l'entrée.	Nul.	Fièvre venant par accès tous les soirs à 9 heures; état gastrique.	Au début, douleur et toux; le jour suivant, frisson.	Gastrite.	Guérison, le 7.ᵉ jour de l'entrée, correspondant à l'apparition de la gastrite.		Une saignée et un vomitif.	Le jour de son entrée, 4 doses de calomel, chacune 3 grains.	7 jours.	Gastrite.	1.ᵉʳ Juin 1835, guérie.	
[...]L (Marie), [...] cuisinière; [...]tion faible, [...] mère phthi-[...]	17 Mai. Lit n.° 29.	30 jours.	Dans son enfance, hydrocéphale aiguë; depuis trois ans, paralysie d'un côté de la face; il y a 4 ans, fièvre quarte; depuis la même époque, palpitations et orthopnée.	Colère.	Au début, point très-douloureux au côté droit; presque enlevé par une saignée faite en ville, et réduite à peu de chose lors de l'entrée à l'hôpital, mais se réveillant fréquemment.	Possible sur les 2 côtés, mais couchée sur le dos.	Très-gênée; parfois orthopnée; parole courte.	Toux revenant tous les 3 à 4 jours, avec des points de côté, et disparaissant avec eux.	Nulle.	Dilatation de 8 lignes du côté droit.	Matité dans les 2/3 inférieurs du côté droit; très-circonscrite à la base du côté gauche.	Absence complète du bruit respiratoire dans toute l'étendue de la matité; ailleurs, il est en général faible, excepté à la partie antérieure, supérieure et gauche, où il est puéril, absence complète de la vibration thoracique dans les endroits mats.	Nul.	Légère égophonie au niveau supérieur de la matité.	Bruit de râpe couvrant nommément le premier bruit du cœur.	Frisson au début, pouls très-sensible et élevé.	Frisson d'abord, puis douleur et toux.	Hypertrophie avec dilatation du cœur.	Après être restée 56 jours à la clinique, la malade en est sortie, n'ayant plus d'épanchement que dans la plèvre droite, où il était réduit à la moitié de la hauteur du côté; l'état général était beaucoup amélioré; le pouls, qui long-temps était de 120, ne donnait plus que 90.		Une saignée.	Successivement digitale, calomel avec opium, acétate de potasse; sangsues lors de l'apparition des douleurs de côté; vésicatoires tour à tour sur les 2 côtés du thorax.	55 jours.	Point.	11 Juillet 1835, congestion, mais avec amélioration notable.	Pendant long-temps la malade a éprouvé du côté droit le sentiment pénible d'un poids qui la sollicitait de ce côté, lorsqu'elle était assise dans son lit ou debout dans la chambre; en même temps le foie dépassait le rebord des fausses côtes.
[...]NGER (Ma-[...]) [...] ans; consti-[...] robuste; n'est [...]lée depuis un [...]	8 Juin. Lit n.° 10.	5 jours après l'entrée.	Toux depuis 7 mois; rhumatisme musculaire à différentes époques.	Inconnue.	Douleurs directement sous le sternum pend.ᵗ 3 jours.	Sur le côté affecté (gauche).	Dyspnée, surtout la nuit.	Fréquente et très-fatigante.	Puriforme, abondante.	Dilatation de 6 lignes.	Son mat, survenu 5 jours après l'entrée.	Souffle bronchique très-fort dans les 2/3 inférieurs du côté gauche, transmis à travers le poumon du côté sain (5.ᵉ jour de l'entrée).	Râle sonore des 2 côtés; râle sous-crépitant à la partie postérieure et inférieure gauche, qui cesse au moment où l'épanchement s'opère.	Voix tubaire aussi intense que la pectoriloquie, correspondant à la matité sans égophonie.	Nul.	Pouls élevé, fréquent (104), n'est devenu normal que vers la fin.	Toux légère, qui s'aggrave au bout de 2 mois, et alors s'accompagne de dyspnée et de fièvre; enfin, 5 jours après l'apparition de la douleur sous-sternale, il y a épanchement.	Bronchite.	Guérison au 17.ᵉ jour de l'entrée.			Oxide blanc d'antimoine depuis 1 scrupule jusqu'à 1 gros pendant 5 jours; vésicatoire sur le côté affecté.	17 jours.	Point.	30 Juin 1835, guérie.	Voir l'observation détaillée.
[...]ARD (Fran-[...]) 35 ans, ser-[...] constitution [...] tempérament	28 Juin. Lit n.° 7.	15 jours.	Toux chronique.	Refroidissement.	A la partie postérieure et moyenne du côté gauche; très-aiguë d'abord; le 15.ᵉ jour, simple endolorissement, qui disparaît au 25.ᵉ	Sur le côté sain (contraire à l'habitude de la malade), tant que dura la douleur; plus tard, décubitus dorsal, incliné vers le côté affecté.	Très-gênée.	Petite, sèche et douloureuse.	D'abord nulle, ensuite peu abondante et muqueuse.	Côté malade notablement dilaté (6 lignes); revenu à son état normal le jour de la sortie.	Matité complète dans la moitié inférieure du côté gauche; réduite au quart de ce côté le 8.ᵉ jour du traitement, et disparue le 11.ᵉ jour.	Souffle bronchique très-fort à l'endroit affecté; respiration puérile à un haut degré dans les parties saines.	Râle sibilant; mais partout un bruit respiratoire.	Bronchophonie très-forte dans toute l'étendue de la matité. Égophonie prononcée aux limites supérieures de celle-ci, durant autant que l'épanchement.	Nul.	Au début, violent frisson, puis fièvre continue; vers la fin, frissons irréguliers.	Le frisson et la douleur débutent ensemble.	Point.	Guérison, 11 jours après l'entrée. En même temps que les symptômes disparurent, il y eut urine sédimenteuse et salivation abondante, qui se prolongea.		Nul (n'a pas été alitée avant son entrée).	Les 3 premiers jours, calomel, à la dose de 3 grains, 3 fois par jour; ensuite purgatifs, pour combattre le ptyalisme. Vésicatoire sur le point affecté.	11 jours.	Salivation.	22 Juillet 1835, guérie.	Voir l'observation détaillée.
[...]AL (Margue-[...]) [...] ans, servante; [...]tion délicate, [...]ment sanguin.	21 Octob. Lit n.° 27.	2 jours.	Aucune.	Refroidissement.	Douleur très-forte à la partie postérieure du côté gauche; presque dissipée le 2.ᵉ jour de l'entrée; le 4.ᵉ, elle disparaît complètement.	Impossible sur le côté sain, jusques après le 2.ᵉ jour de l'entrée.	Dyspnée.	Fréquente.	Muqueuse.	Point de dilatation.	A gauche, matité de la partie postérieure et toute inférieure; sonoréité rétablie le 2.ᵉ jour.	Absence de la respiration dans l'étendue de la matité.	Nul.	Point d'égophonie.	Nul.	Frisson au début, pouls tendu, élevé et accéléré (96).	Frisson suivi de chaleur et de douleur, d'abord à la nuque, puis à la poitrine.	Point.	Guérison au 4.ᵉ jour de l'entrée; convalescence longue avec légère bronchite.		Nul.	Saignée dès l'entrée, couenne phlogistique de 1/2 pouce d'épaisseur; le lendemain, nouvelle saignée, sans couenne phlogistique. Cataplasme sur la poitrine.	4 jours.	Prostration de forces et toux légère.	27 Novembre 1835, guérie.	

Tableau synoptique des Pneumonies traitées à la clinique interne de la Faculté de Strasbourg, durant le service du docteur J. L. Aronssohn, agrégé en exercice.

N.os d'ordre	Noms, âge, tempérament, etc.	Jour de l'entrée et n.° du lit.	Durée de la maladie avant l'entrée.	Maladies antécédentes.	Causes occasionnelles.	Symptômes locaux: Douleur.	Décubitus.	État de la respiration.	Toux.	Expectoration.	Signes physiques: Mensuration des parois thoraciques.	Résonance des parois thoraciques.	Altération du bruit respiratoire: En plus ou en moins.	Râles.	Modification de la voix.	Bruits anormaux.	Symptômes généraux.	Ordre de succession des phénomènes.	Complications.	Terminaison.	Examen anatomique.	Traitement: Avant l'entrée.	À la clinique.	Durée du traitement à la clinique.	Maladies consécutives.	Dates de la sortie.	Observations.
1	Heller (Charles), 43 ans, cordonnier; constitution très-détériorée.	1835. 9 Avril. Lit n.° 28.	18 jours après son entrée.	Depuis 6 mois douleur [illegible]	Inconnue.	Douleur aiguë du côté droit depuis 6 jours.	Sur le côté malade.	Difficile et courte.	Petite et fréquente.	Au commencement crachats striés de sang; [illegible]		Sonorité diminuée.	[illegible]	[illegible]	D'abord bronchophonie diffuse; le 20.° jour pectoriloquie.	Nuls.	Pouls petit et fréquent; point de frisson.	Fièvre, toux, douleur et expectoration.	Dégénérescence lardacée des côtes.	Mort dans un état de marasme [illegible]	Épanchement d'environ [illegible]	Point.	Ventouses scarifiées; potions calmantes.	41 jours.	Point.	Mort, 6 Juin 1835.	Voir l'observation détaillée.
2	Ehrhardt (Chrétien), 35 ans, jardinier, bien constitué.	21 Avril. Lit n.° 20.	3 jours.	[illegible]	Chagrin.	Douleur au côté droit qui a cessé le 5.° jour de son entrée.	Sur le côté malade et sur le dos.	Peu gênée.	Fatigante.	[illegible]		Le 1.er jour légère matité à la base du côté droit [illegible]	[illegible]	Le 1.er jour, râle crépitant [illegible]	Bronchophonie [illegible]	Nuls.	Pouls fréquent [illegible]; délire.	[illegible]	Méningite.	Guérison; convalescence lente et pénible.		Point.	Les deux premiers jours, émétique à haute dose (gr. XV [illegible]) [illegible]	5 jours.	Point.	Guéri, 7 Mai 1835.	Voir l'observation détaillée.
3	Riehl (Magdeleine), 55 ans.	25 Avril. Lit n.° 3.	9 jours avant l'entrée.	Catarrhe pulmonaire depuis 9 ans.	[illegible]	Au-dessous de la mamelle droite, disparu au bout de vingt heures, à la suite d'une saignée.	Sur le côté sain.	Courte et anxieuse.	Vive.	[illegible]		Son mat.	Le 2.° jour, [illegible]	[illegible]	Voix retentissante.	Nuls.	[illegible]	[illegible]	Bronchite chronique.	Guérison [illegible]		Point.	D'abord vésicatoire [illegible]	8 jours.	Point.	Guérie, 22 Mai.	[illegible]
4	[illegible] (Marguerite), 38 ans.	7 Mai. Lit n.° 28.	8 jours.	Inconnues.	Inconnue.		Dorsal.	D'abord [illegible]	Peu forte.	Crachats visqueux [illegible]		[illegible]	Point de respiration bronchique.	[illegible]	[illegible]	Nuls.	Fièvre typhoïde.	[illegible]	Dothinentérie.	Mort [illegible]	L'autopsie n'a pu être faite [illegible]	Un vomitif [illegible]	[illegible]	12 jours.	Point.	Décédée [illegible] le 14 Mai.	[illegible]
5	[illegible] (Pierre), 38 ans, fondeur en cuivre; tempérament bilieux; ivrogne.	8 Mai. Lit n.° 21.	8 jours.	Nulle.	Refroidissement pendant la transpiration.	Du côté gauche [illegible]	[illegible]	[illegible]	Légère.	[illegible]	[illegible]	Son mat [illegible]	Du 9.° au 14.° jour respiration bronchique [illegible]	Râle crépitant [illegible]	[illegible]	Bruit de frottement [illegible]	[illegible]	Le frisson [illegible]	Épanchement pleurétique.	Résolution [illegible]	Épanchement purulent [illegible]	Point.	Du 9.° au 16.° jour, émétique à haute dose [illegible]	21 jours.	Point.	Mort, 30 Mai.	Voir l'observation détaillée.
6	Pfeffer (Ignace), 36 ans, menuisier.	24 Mai. Lit n.° 20.	7 jours.	Nulle.	Inconnue.	[illegible]	Indifférent.	Peu gênée.	[illegible]	Crachats d'abord [illegible]		Point de matité.	Puérile [illegible]	Point de râle.		Nuls.	Frisson suivi de chaleur [illegible]	Le 1.er jour frisson [illegible]	Gastro-entérite.	Guérison.		Point.	1.er jour, saignée [illegible]	8 jours.	Point.	Guéri, 3 Juin.	[illegible]
7	N..., 50 ans environ.	Juin. Lit n.° 4.	25 jours.	[illegible]															Dothinentérie.	Mort.	Infiltration purulente [illegible]	Point.				Morte le jour de l'entrée.	[illegible]
8	[illegible] (L.), 18 ans, garçon tailleur; constitution grêle, tempérament lymphatique.	2 Juillet. Lit n.° 19.	Souvent pendant son séjour.		[illegible]		Indifférent.	Peu gênée.	Toux catarrhale.	Crachats rouillés, visqueux, quelquefois couleur de café au lait.		Point de matité.		D'abord râle sibilant et muqueux, [illegible]		Nuls.	Pouls sub-fréquent; point de chaleur.	D'abord diarrhée [illegible]	Diarrhée [illegible] œdème du poumon.	Terminaison par l'œdème du poumon.		Point.	[illegible]	11 jours.	Œdème du poumon.	Guéri, 1 Août.	Voir l'observation détaillée.
9	Kraus (Jean), dit Pepin, 58 ans, ouvrier; tempérament sanguin; bien constitué.	5 Nov. Lit n.° 23.	Début indéterminé durant le séjour à l'hôpital.	Toux depuis 2 à 3 mois.	Colère et chagrin.		Indifférent.	Dyspnée [illegible] ressentie par le malade.	Fréquente la nuit.	D'abord muqueuse et abondante, puis puriforme, jamais sanguinolente.		Son mat dans presque tout le côté gauche, perçu le 7.° jour de l'entrée.	A l'entrée l'auscultation n'offre rien d'anormal; 7 jours après souffle bronchique dans tout le côté gauche; 20 jours plus tard respiration caverneuse.	Râle crépitant à la partie supérieure du poumon gauche, le 7.° jour de l'entrée; râle caverneux 10 jours plus tard.	Égophonie et bronchophonie le 7.° jour de l'entrée; pectoriloquie le 17.°	Nuls.	[illegible] au début; pouls d'abord normal, plus tard fébrile le soir.	Toux avec autres symptômes pneumoniques.	Épanchement pleurétique; phthisie tuberculeuse.	Terminée par la phthisie pulmonaire. — Mort.	Épanchement considérable [illegible]	Point.	D'abord potion calmante et ventouses sur le ventre pour une diarrhée, ensuite vésicatoire sur le côté gauche. Oxide blanc d'antimoine [illegible] acétate de plomb.	19 jours.	Phthisie.	Mort, 5 Décemb. 1835.	Voir l'observation détaillée.
10	[illegible] (Daniel), 45 ans, menuisier; constitution robuste, tempérament sanguin.	11 Nov. Lit n.° 3.	8 jours.	Ulcère chronique à la jambe gauche.	Inconnue.	Au côté gauche, d'abord circonscrite au mamelon et occupant plus tard une grande partie du côté affecté, disparue le [illegible] du traitement.	Sur le côté malade jusqu'au 2.° jour du traitement.	Dyspnée.	Très-fréquente, surtout pendant la nuit.	D'abord du sang pur, puis crachats rouillés, purement muqueux le 2.° jour.		Matité du côté gauche occupant la partie moyenne moindre à la partie inférieure.	Point de souffle bronchique.	Râle crépitant dans toute l'étendue de la matité, disparu le 5.° jour du traitement.	Point d'égophonie ni de bronchophonie.	Nuls.	Pouls à 100; délire la nuit.	Début simultané de tous les phénomènes morbides.	Ulcère à la jambe.	Guérison.		[illegible]	Le 1.er jour, saignée [illegible] émétique (gr. VI), [illegible]	8 jours.	Ulcère chronique.	Guéri, 18 Nov. 1835.	La suppuration de l'ulcère, qui s'était tarie dès le début de la pneumonie, s'est rétablie aussitôt après la résolution de celle-ci.
11	N..., 55 ans, batelier; constitution robuste, tempérament sanguin.	18 Nov. Lit n.° 7.	6 jours.	Rhumatisme.	Refroidissement.	Très-intense sous le mamelon droit durant jusqu'au 3.° jour du traitement.	Sur le côté affecté.	Gênée.	Peu fréquente.	Nulle d'abord; le 3.° jour sang pur; le 6.° jour, [illegible] sanguinolent; les jours suivants [illegible] visqueuse. Le 9.° jour purement muqueuse.		Matité dans les ⅔ inférieurs du côté droit, persistant jusqu'au 16.° jour de la maladie.	Souffle bronchique correspondant à la matité, mais tout-à-fait en bas absence complète du bruit respiratoire.	Râle crépitant [illegible] temps en temps au côté externe du côté droit, en faisant coucher le malade du côté opposé.	Égophonie vers l'angle de l'omoplate; bronchophonie plus bas.	Nuls.	Lassitude, frisson, chaleur; [illegible] et fréquent.	Le point de côté et la fièvre ont débuté ensemble; ce n'est que le 3.° jour que l'expectoration devint sanguinolente.	Épanchement pleurétique.	Guérison au bout de 12 jours de traitement et après des sueurs copieuses.		Point.	Les 2 premiers jours tartre stibié gr. X par doses; le 3.° jour vésicatoire [illegible]; les jours suivants, purgatifs. Point de saignée.	12 jours.	Point.	Guéri, 30 Déc. 1835.	
12	Ehrhardt (Frédéric), 35 ans, domestique; bien constitué, tempérament sanguin.	22 Nov. Lit n.° 12.	4 jours.	Rhumatisme, pneumonie légère il y a 6 mois.	Refroidissement.	Sous le mamelon droit, disparaissant 4 jours après l'entrée.	Dorsal, impossible sur les côtés avant le 2.° jour de l'entrée.	Médiocrement gênée.	Peu fréquente, mais très-douloureuse.	Sang pur jusqu'au 2.° jour, puis expectoration [illegible] rouillée, pendant trois autres jours.	[illegible]	Son mat aux ⅔ inférieurs du côté droit, disparu le 6.° jour du traitement.	Bruit respiratoire [illegible] du côté sain, à cause des mouvements bornés du thorax; point de souffle bronchique.	Râle crépitant correspondant à la matité, lors de l'entrée.	Égophonie [illegible] la matité.	Nuls.	Au début frisson suivi de chaleur, [illegible] (85).	Le frisson et le point de côté débutèrent ensemble pendant la nuit, le lendemain expectoration sanguinolente.	Épanchement pleurétique.	Guérison.		Point.	Le 1.er jour, tartre stibié gr. X [illegible]	6 jours.	Point.	Guéri, 7 Décemb. 1835.	A son entrée le malade avait une éruption pustuleuse [illegible] quelques jours sans avoir d'influence sur la marche de la maladie.
13	[illegible] (Frédérique), 25 ans.	24 Nov. Lit n.° 15.	10 jours.	Toux chronique.	Habitation froide et humide.	D'abord au côté gauche, ensuite au côté droit.	Dorsal.	Très-gênée.	Fréquente la nuit.	Nulle.		Légère matité.	Point de respiration bronchique.	Râle crépitant disparaissant lors de la première saignée faite à l'entrée.	Ni égophonie, ni bronchophonie.	Nuls.	Pouls petit, concentré, [illegible]	Toux chronique, [illegible]		Terminée le lendemain de l'entrée; il ne resta qu'un peu d'oppression, qui ne tarda pas à se dissiper.		Saignée.	La malade entra le soir et fut aussitôt saignée; le lendemain potion kermétisée.	1 jour.	Point.	Guérie, 26 Nov. 1835.	Voir l'observation détaillée.

Tableau synoptique [illegible]ysèmes du poumon *traités à la clinique interne de la Faculté de Strasbourg durant le service du docteur J. L.* Aronssohn, *agrégé en exercice.*

[N]oms, âge, [tem]pérament, etc.	Jour de l'entrée et n.° du lit.	Durée de la maladie avant l'entrée.	Maladies antérieures.	[illegible] efficientes.	SYMPTÔMES LOCAUX. Douleur.	Décubitus.	État de la respiration.	Toux.	Expectoration.	SIGNES PHYSIQUES. Mensuration des parois thoraciques.	Résonnance des parois thoraciques.	Altération du bruit respiratoire. En plus ou en moins.	Râles.	Bruits anormaux.	Exploration du cœur et du pouls.	Coloration de la peau et infiltration séreuse.	Ordre de succession des phénomènes.	Complications.	Terminaison.	Examen anatomique.	TRAITEMENT. Avant l'entrée.	À la clinique.	Date de la sortie.	Observations.
Richard, […]-six ans, tanneur; [tem]pérament lymphatico-sanguin, [con]stitution détériorée; dénué de tout [mo]yen d'existence.	1835, 11 Juillet. — Lit n.° 18.	Elle est de cinq à six ans si l'on rapporte le commencement de l'emphysème au début de la dyspnée.	Dans l'enfance, à plusieurs reprises, coqueluche; à vingt ans, toux opiniâtre, durant sept mois, suivie de dyspnée; il y a trois ans, palpitations de cœur, plusieurs fois crachemens de sang et œdème aux pieds.	Inconnues.	Sous le mamelon gauche.	Sur le dos et sur le côté gauche, presque impossible à droite.	Très-forte à l'entrée, parfois orthopnée. Soulagement marqué par suite des émissions sanguines. Respiration haute, sifflante, parfois aussi fréquente que le pouls.	Fréquente et catarrhale.	Muqueuse.	Forte voussure de toute la partie antérieure du thorax; convexité considérable de la partie postérieure, avec courbure en arrière de la colonne épinière.	Son tympanitique dans la partie latérale et inférieure des deux côtés, et à la partie antérieure du côté droit; en arrière et en haut, son normal; dans le reste du thorax, son trop clair, mais non tympanitique.	Il est nul dans les endroits correspondant à la grande sonorité et au râle crépitant. La respiration est sifflante à l'endroit où la sonorité est un peu moindre; enfin, là où le son est normal, la respiration est puérile.	Râle *crépitant*, correspondant au son tympanitique. Râle *sibilant*, très-fort, correspondant aux endroits trop sonores, mais non tympanitique.	Nuls.	Bruit de souffle et de frottement accompagnant les bruits du cœur, dont les battemens sont très-obscurs, et ne produisent aucun choc; matité assez étendue à la région précordiale. Ces phénomènes ont disparu au bout de vingt-cinq jours. Pouls serré, subfréquent, parfois intermittent.	Lèvres et bout du nez d'un violet foncé; pieds infiltrés jusqu'à la hauteur des malléoles.	Toux chronique, suivie au bout de sept mois de dyspnée, et trois ans après de palpitations de cœur.	Péricardite en entrant, et probablement dilatation du cœur déjà ancienne; hypertrophie indolore du foie.	Guérison de la péricardite; persistance de l'emphysème.		Quelques saignées; la maladie fut négligée.	Deux fois sangsues à l'anus, suivies de développement du pouls et de soulagement notable. Vésicatoire sur le côté gauche. Ventouses scarifiées sur la poitrine. Remèdes dits expectorans.	1835, 17 Août. Non guéri, mais beaucoup soulagé.	Voyez l'observation détaillée.
[R]och (Frédéric), [tr]ente ans, fendeur [de] bois; d'une constitution qui paraît [av]oir été robuste, [ma]is maintenant [trè]s-affaiblie.	19 Juillet. — Lit n.° 31.	Trois ans, à compter depuis le début de la dyspnée.	Depuis six ans, plusieurs accès d'hémoptysie; depuis trois ans, oppression toujours croissante; depuis huit semaines, diarrhée rebelle, et quelquefois œdème des pieds.	Habitation humide.	Point.	Très-difficile sur le côté droit à cause de la dyspnée.	Forte, surtout lorsque le malade parle.	Fréquente.	D'abord muqueuse, ensuite purulente.	Poitrine arrondie et bombée, surtout à droite et en avant.	Son plus clair qu'à l'état normal, surtout en avant, et principalement à droite.	En avant, le bruit respiratoire est obscur et mêlé de râles; en arrière, il est pur et normal.	Râle crépitant sec, mêlé de râle sibilant en avant des deux côtés, et en arrière du côté gauche.	Nuls.	Pouls petit, subfréquent; rien d'anormal au cœur.	Face livide, point d'œdème.	Toux chronique, puis hémoptysie, ensuite dyspnée, enfin diarrhée, qui ne peut être arrêtée.	Phthisie tuberculeuse très-limitée; diarrhée colliquative.	Mort à la suite de diarrhée colliquative.	Poumon droit très-emphysémateux à sa partie inférieure et moyenne, où l'on voit de grosses vésicules dilatées. Au sommet, petite vomique, noyaux isolés de tubercules. Poumon gauche beaucoup moins emphysémateux, mais affecté d'œdème; muqueuse bronchique très-enflammée; intestins sans altération.	Différens stimulans, pour arrêter la diarrhée et la toux.	Potions gommeuses, opiacées astringentes contre la diarrhée.	1.er Août. Mort.	Voyez l'observation détaillée.
[H]eiligenmeyer (David), [cin]quante-cinq ans, [an]cien militaire, pensionnaire de la maison de refuge; bien [co]nstitué.	23 Juillet. — Lit n.° 28.	Dix-huit mois.	Depuis dix-huit mois, toux et dyspnée.		Point.	Possible dans toutes les positions.	Habituelle, mais augmentant par accès.	Sèche.	Ordinairement nulle; parfois crachats sanguinolens.	Saillie du thorax à la partie postérieure et inférieure du côté gauche.	Son normal à peu près partout, excepté du côté gauche, vers la base et en arrière, où il y a sonorité trop grande.	Obscur.	Râle crépitant sec, à bulles fines, dans tout le côté droit en avant, et dans le côté gauche en arrière. Râle sibilant dans la partie antérieure du côté gauche.	Nuls.	Pouls normal; rien du côté du cœur.	Teint jaunâtre; point d'œdème.	Toux sèche, s'accompagnant d'oppression.	Hypertrophie avec induration du foie.	Mort subitement.	Les deux poumons emphysémateux à un haut degré. L'emphysème est surtout prononcé dans la partie postérieure du poumon gauche, et dans la partie antérieure et supérieure du côté droit. Cœur sain; lobe droit du foie hypertrophié et squirrheux.		Potions gommeuses; esprit de sel ammoniac anisé.	9 Août. Mort.	Voyez l'observation détaillée.
[G]eraling (Marie), [c]inquante-huit ans, [cor]donnière; petite, [b]ien constituée; tempérament bilieux.	1.er Juillet. — Lit n.° 4.	Trois ans.	Depuis trois ans, toux, dyspnée et palpitations.	La dyspnée et la toux datent d'un effort que fit la malade il y a trois ans en portant un fardeau sur la tête.	Point de douleur, si ce n'est un sentiment d'érosion sous le sternum lors de la toux.	Possible dans toutes les positions, mais préfère à gauche.	Dyspnée toujours croissante, parfois orthopnée.	Forte, fréquente, jusqu'à exciter le vomissement.	Muqueuse.	Aucune saillie.	Son plus clair qu'à l'état normal dans tout le côté gauche, surtout en arrière.	Obscur au côté gauche; partout ailleurs normal.	Râle sous-crépitant à la partie postérieure gauche. Râle sibilant du même côté et en avant.	Nuls.	*Palpitation fréquente* depuis trois ans; aucun phénomène morbide par la percussion et par l'auscultation; pouls petit, *fréquent et dur.*	Coloration naturelle; point d'œdème.	La toux, la dyspnée et les palpitations ont débuté ensemble depuis trois semaines. Symptômes du côté de l'abdomen.	Gastrite chronique.	Guérison de l'affection de l'estomac; soulagement considérable du côté de la poitrine, avec diminution du râle crépitant et de la sonorité anormale.		Vomitif.	Potions gommeuses, laxatifs, expectorans (ipécacuanha, jusquiame, herbes).	21 Juillet. Non guérie, mais notablement soulagée.	
[B]entrer (Louis), [c]inquante-cinq ans, [j]ardinier; bien constitué.	25 Nov. — Lit n.° 28.	Retour de la dyspnée depuis quinze jours.	Il y a six mois dyspnée, puis œdème des extrémités inférieures, quelquefois accès de syncope. Sorti de l'hôpital bien portant il y a cinq semaines.	Inconnues.	Point.	Sur le dos.	Dyspnée habituellement légère, mais augmentant par accès.	Catarrhale.	Muqueuse et abondante.	Légère voussure antérieurement du côté droit et en haut; postérieurement, à gauche et en bas, saillie du creux sus-claviculaire gauche.	Son généralement trop clair, mais surtout en avant du côté droit, et en arrière du côté gauche.	Bruit respiratoire perceptible partout, mais très-obscur en avant et à droite; plus tard, absence complète du bruit respiratoire à la partie inférieure et postérieure du côté droit.	Râle sibilant, mêlé de râle muqueux dans toute la poitrine; légère crépitation à la partie postérieure du côté gauche.	Nuls.	Choc du cœur augmenté; étendue plus grande de ses battemens; pouls subfréquent, serré et dur.	Face légèrement bleuâtre; œdème des pieds, d'abord léger, envahissant plus tard les jambes et les mains.	*Dyspnée* avec anasarque des extrémités inférieures pendant six mois. Santé apparente pendant trois semaines. Retour des premiers symptômes, avec dyspnée plus forte, suivie d'épanchement pleurétiq. à droite.	Hypertrophie du cœur; épanchement dans la plèvre droite survenu plus tard.	Non guéri.		De temps en temps saignée contre la dyspnée.	Potions aromatisées pendant le peu de jours que le malade fut traité par nous.	Resté à l'hôpital.	Ce malade, qui est resté à l'hôpital, ayant été examiné un mois plus tard, a présenté les changemens suivans, qui ont coïncidé avec une salivation mercurielle: diminution notable de la dyspnée, disparition de la saillie sus-claviculaire; râles sibilant et crépitant nuls, mais persistance des signes de l'emphysème à la partie antérieure et droite; apparition d'un épanchement dans la partie inférieure du même côté; disparition de l'œdème des extrémités.

www.ingramcontent.com/pod-product-compliance
Ingram Content Group UK Ltd.
Pitfield, Milton Keynes, MK11 3LW, UK
UKHW021003230726
13924UKWH00009B/1547